修行在红尘 ——维摩经六讲——

圣严法师 著

自序

　　《维摩诘所说经》（Vimalakīrti-nirdeśa-sūtra），
又名《不可思议解脱经》，简称《维摩诘经》或《维摩
经》。梵文 Vimalakīrti 是净名及无垢称的意思，故在
学者间，常称之为《净名经》。

　　本经的异译有七种，现存于《大正新修大藏经》第
十四册中者仅三种：1.吴支谦译《佛说维摩诘经》二
卷，2.姚秦鸠摩罗什译《维摩诘所说经》三卷，3.唐玄
奘译《说无垢称经》六卷。另有西藏译本，日本的河口
海慧氏于一九二八年译成日文，以《汉藏对照国译维摩
经》为题刊行。汉地通用者，是罗什译本。

　　《维摩经》的注疏，允为不朽的名著者也有不少，
例如：

　　晋僧肇的《注维摩诘经》十卷。

《义记残卷》（六朝作品，作者佚名）。

隋慧远的《义记》八卷。

隋智顗的《玄疏》六卷。

隋吉藏的《玄论》八卷、《义疏》六卷。

唐湛然的《略疏》十卷。

唐道液的《集解关中疏》二卷。

日本推古天皇时代，传说是陈之慧思禅师转世的圣德太子，撰有《义疏》三卷。

《维摩经》的内容被印度大乘论典所引用者，约有如下六例：

（一）《大智度论》第九、十五、十七、二十八、三十、九十二、九十五、九十八卷。

（二）《宝髻经四法忧波提舍》。

（三）《弥勒菩萨所问经论》第三卷。

（四）《入大乘论》下卷。

（五）《大乘集菩萨学论》第一卷等。

（六）《大乘宝要义论》第八、第九卷等。

由此可知，本经在印度、在中国汉地及西藏、在日本，涵盖了大乘诸宗诸大师，征引《维摩经》，注释《维摩经》。

罗什译本的《维摩经》，共有三卷凡十四品。主角是维摩诘长者示现疾病相。舞台是在印度当时六大名城之一的毘耶离城中。围绕着这个中心演出的人员，包括释迦世尊的诸大罗汉声闻弟子，舍利弗、大目犍连、大迦叶、阿难等，以及弥勒、光严童子、持世、文殊等诸大菩萨。在第七〈观众生品〉中，演出一场非常精彩的天女散花，捉弄舍利弗尊者。这场法会的导演和主持人，便是释迦牟尼世尊。

《维摩经》对中国文化的影响，至为深远。有许多名词，不仅为佛教界普遍使用，甚至已经家喻户晓，例如"不二法门"出于本经的〈入不二法门品〉；"高原陆地不生莲华，卑湿淤泥乃生此华"，这个莲花出于污泥而不为污泥所染的比喻，是出于本经的〈佛道品〉；"灯灯相传"的"无尽灯"一语，出于本经的〈菩萨品〉；美味的佳肴称为"香积天厨"，出于本经的〈香积佛品〉；以满足众生的物欲做为接引学佛的方便，称为"先以欲钩牵，后令入佛智"的两句名言，出于本经的〈佛道品〉；禅宗《六祖坛经》所引"直心是道场"，语出本经的〈菩萨品〉。

现在我们的法鼓山，正在提倡心灵环保，正在倡导建设人间净土的理念。我们的理论依据，便是出于《维摩经·佛国品》第一所说："若菩萨欲得净土，当净其心，随其心净则佛土净。……菩萨心净则佛土净。"

本经在大乘佛教的圣典中，非常重要，例如鼓励在家居士修学清净庄严的菩萨道，却未忽略出家比丘的清净律仪；鼓励菩萨宜入世，宜处于众生群中，但又主张离欲不贪着。《六祖坛经》所说"佛法在世间，不离世间觉"的思想，实与本经有密切的关系。本经从基本的五乘共法人天十善道，通过三乘共法的解脱道，提升至大乘不共法的佛道。

《维摩经》除了是一部总摄大小五乘的大乘经典，也是一部优美的文学作品，像小说，也像戏剧，胡适的《白话文学史》第九章，评论《维摩经》是"半小说、半戏剧的作品"。因此也深受古来许多文学家所喜爱，甚至唐朝的田园诗人王右丞，名叫王维，而以摩诘为字，即是以维摩诘居士自许的意思。

我不能算是《维摩经》的专家学者，但是我很喜爱《维摩经》的思想。所以我不是它的研究者，而是试着成为它的实践者。因此在一九九三年九月及一九九四年二月，连续两度，以"维摩经生活系列讲座"为主题，假台北市国父纪念馆大会堂，各讲出三个晚上，共六个子题：1. 社会关怀，2. 福慧双修，3. 净化人生，4. 心灵环保，5. 慈悲喜舍，6. 人间净土。

我没有采取传统式的讲经方法，例如天台宗的法师们讲经，必依智者大师的五重玄义，论其玄理，再做逐句解释。我是根据主题的题旨，从《维摩经》中，一段一段或一句一句地摘录出来，浓缩成六个单元。这样子也许会被讥为断章取义，但是为了因应现代一般人的需要，通过这种方式，使《维摩经》实用于现代一般人的日常生活之中；我以现代一般人都能听懂的用语，配以大众生活中俯拾可得的经验为例子，为心灵空虚及苦闷彷徨的现代人，介绍维摩诘居士如何以入世的生活型态，而又能够过得无拘无束地自由自在的人生观。

这六场演讲，是由法鼓山文教基金会主办，每场的听众都有二千至三千人，现场有中华电视公司派了三架录像机及一台 OB 车，录制成为影视带于该公司的公益节目时段播出。另由苏丽美居士将录音带整理成电脑印稿，再经我在纽约，先后花了七十多个小时，修订、润饰、删补。后三篇完稿于一九九四年六月，已于《人生》月刊连载完毕；前三篇定稿于一九九五年十二月。

我要感谢促成讲座因缘及出版因缘的诸位仁者，对于为我誊稿的姚果庄及邱松英，为此书策划编校的果在、果光、果毅、张元隆等诸仁者，一并致谢。

一九九五年十二月二十二日圣严自序于纽约东初禅寺

目录

自序　　3

第一讲　《维摩经》与社会关怀　　11

第二讲　《维摩经》与福慧双修　　41

第三讲　《维摩经》与净化人生　　79

第四讲　《维摩经》与心灵环保　　107

第五讲　《维摩经》与慈悲喜舍　　139

第六讲　《维摩经》与人间净土　　163

第一讲 《维摩经》与社会关怀

　　《维摩经》是大乘经典中非常殊胜的一部，它包含基本佛法，却又超越于基本佛法；它入世于人间，而将人提升到佛的层次。众生（人）和佛并非存在于两个截然不同的世界，是在同一环境中并存着佛和众生，端看我们以什么心态来看待世界。以佛心看，众生界皆同佛界；以众生心看，佛世界亦不过是众生世界；以执着心和烦恼心看，这个世界是众生的五浊恶世；以智慧心和慈悲心看，这世界就是佛国净土。秽土和净土、众生和佛、烦恼和智慧，并非存在于两个对立的环境，而是一而二，二而一，是超越于一和二的不二法门。"不二法门"的出典，便是《维摩经》。

　　《维摩经》在中国的翻译前后共有七种，从汉朝经南北朝，到最后的第七种是唐高宗时玄奘三藏所译，叫作《说无垢称经》。

在此所讲的则是根据三藏鸠摩罗什所译，在汉译本中排为第六种的《维摩诘所说经》，又名《不可思议解脱经》，简称《维摩经》。罗什三藏的翻译，文辞流畅优美，以口语和对话的表现方式代替论说性的教理阐扬，以戏剧性的表现手法，描述当时说法的情景，来表达《维摩经》的思想，堪称是一部文学艺术作品。平剧中"天女散花"的戏码，即取自《维摩经》。

《维摩经》中所叙述的人物层面相当广，经中所提到的无论是佛、菩萨、天人及人间的阿罗汉们，均是以人性化的形态出现，只是他们的福德较大，相好庄严，智慧高于一般人。这部经的特色是不用说教式及思辨性的方式表达，而是用文艺性、对话式的演出，因此让人感到亲切而乐于接受。

《维摩经》共有十四品，三卷。要逐句讲完，相当不容易，因此我配合与现代社会、现实生活有密切关联的论点，从《维摩经》中摘录出相关的段落文句重新编辑，成为六个主题。

我不敢说自己是最会讲经的人，更不敢说我所讲解的《维摩经》的意思，就是当时维摩会上佛与菩萨们所要表达的意境，不过我是非常诚恳地和用心地去思考、体会《维摩经》，把它运用到生活中，透过我自己的体验，介绍给诸位，当然，我不会违背佛法的根本原则。

第一个主题是"《维摩经》与社会关怀"，我把它分为六大节。

一、众生（人与人）的交相互助即是社会

"众生"这个名词的含义很广，许多人把它当成一切有生命的动物和植物；也有人把它分为有情（动物）及无情（植物）的两种。而佛典中的众生，梵文 sattva 是有情之意，我将有情众生又分为四个层次，由低而高分别为：1.有细胞的生命现象而无神经组织，更无思想和记忆。2.有细胞也有神经组织，但无思想和记忆的生命现象。3.有细胞、有神经组织，还有记忆力的动物。4.除了具备上述三类条件之外，再加上有思考能力的动物。第四类具备思考能力的众生，就是人，能懂佛法，也能修行佛法。其他三类的众生，就很难懂得佛法，也难从事修行了，所以佛说"人身难得"。

众生又分有形及无形，无形众生包括鬼、神、天

人，以及诸佛菩萨等的法身和报身，不是凡夫的肉眼所能见。因此，以人的立场而言，众生应是指"人"才切合实际，而佛法化导的对象，亦是以人为主。《维摩经》里提到的众生，包括佛、菩萨、罗汉以及比丘、比丘尼、优婆塞、优婆夷、诸天、护法神王等，但多以人的形像出现于法会。

《维摩经》里的社会指的是什么？在〈佛国品〉第一即提到：

"佛在毘耶离庵罗树园，与大比丘众八千人俱。菩萨三万二千，众所知识，……众人不请，友而安之。"

"复有万梵天王尸弃等，从余四天下，来诣佛所而听法。复有万二千天帝，亦从余四天下，来在会坐。并余大威力诸天、龙神、夜叉、干闼婆、阿修罗、迦楼罗、紧那罗、摩睺罗伽等悉来会坐，诸比丘、比丘尼、优婆塞、优婆夷俱来会坐。"

这就是众生的世界。众生一起来到佛的说法处，当时佛在"毗耶离"城，是佛世的印度六大名城之一。毗耶离的意思是广严，是跋祇国的首都，又叫毗舍离城，它的种族叫离车族。

"庵罗"也是梵文的音译，是一种像桃又像梨的水果，叫作柰。园是果树园。庵罗树园（Āmrapālī-ārāma）是一个名叫庵摩罗女的女居士所有，她为了尊敬供养释迦牟尼佛而奉献出来，做为释迦牟尼佛的僧团修行及弘法的所在地。释迦牟尼佛在印度有好几个很有名的道场，如祇树给孤独园、迦兰陀竹园等等。毗舍离城的庵罗树园是其中最有名的道场之一。此时那么多人聚在一起，是因为有一位维摩诘菩萨正要说法，释迦牟尼佛要向大家介绍，让大家认识他，去向他请法。

当时释迦牟尼佛座前有"八千位大比丘"，他们都是知律知法，有修有证的，故称大比丘。刚才陈院长赞叹我是律师，也是法师，又是禅师，我是愧不敢当。不过，既被称为大比丘，就必须具备以上所举的三种条件了。否则仅能说是正在学做比丘的出家人。

另外还有"三万二千位菩萨"，都是"众所知识"，也就是大家都愿亲近的菩萨善友，他们都有广博的知识、高深的学问，能令众人敬仰、学习，并以他们为榜样，故称之为"众所知识"。佛经里的"善知识"即是善友，是从佛法的知见上、修持上、道德上，对人有大帮助，这些菩萨们非常慈悲，可用经文中的两句话来形容："众人不请，友而安之"，也就是不等他人请求就能随缘摄化的不请之友。

在大部分的经典中可以看到，都是经过"请法"，佛才说法；佛以后的弟子们说法，也是要有人请求开示，才能够说法。今天陈院长为大家向我请法，要我在台湾多带禅修活动，多做弘法开示，这是陈院长代大众请法。

说法者之所以要让人请求，是表示对于佛法的尊敬，如果不请而说，容易让人误以为没有价值，故为表示佛法的崇高和对佛法的尊敬，要有人请法，然后说法，是必要的。

此处介绍的三万二千位菩萨们，关爱众生，就像慈母对待自己的子女一样，孩子并不知道要请求母亲给予什么，母亲却知道孩子们的需要，而主动地给予，此乃出于母亲对子女的爱护。今天陈院长为台湾的社会大众向我请法，那表示他是一位尊崇佛法的善知识，他是一位代大众请法的菩萨。

在当时《维摩经》的社会成员之中，除了上述的大比丘、大菩萨之外，还有"诸天"的天人及"护法龙天"，这些是凡夫的肉眼无法看得到的，天人以微妙的物质为身体，他们有大福报，但智慧不够，所以虽享天福，仍不得解脱，天福享尽，下堕三恶道。八部龙天是天人的扈从，其中有善根的诸天及神王会来佛所，听闻佛法、修菩萨道、护持三宝，所以当释迦佛要向比丘和菩萨们介绍《维摩经》的大法之时，这些诸天和护法龙天亦都来了。另外还有"比丘、比丘尼、优婆塞、优婆夷"，这里的比丘、比丘尼不同于前面所提的大比丘众，而是一般在学习戒律、法仪及修行方法的男女出家二众，而优婆塞和优婆夷则是初发心的男女二众在家菩萨。

以上这些众生都到毘耶离城的庵罗树园，集会在释迦佛陀座前。这些圣人和凡夫，集会在一起，就是一种大社会的现象。许多不同层次、不同性别、不同身分的圣人及凡夫，集合在一起，就是条理井然、互通有无的社会，这个特质在《维摩经》里表现得非常地充分。

二、众生的共同生活是社会

"佛以一音演说法，众生随类各得解，皆谓世尊同其语，斯则神力不共法。佛以一音演说法，众生各各随所解，普得受行获其利，斯则神力不共法。佛以一音演说法，或有恐畏或欢喜，或生厌离或断疑，斯则神力不共法。"

〈佛国品〉第一

这段经文中出现了三句"佛以一音演说法"的重复语，是什么意思呢？诸位都知道，观世音菩萨的寻声救苦，就像千江之水能够处处映月。月亮只有一个，然而只要有水的地方便能映出月亮来。观世音菩萨如此，佛就更有此功能和神力。"一音演说"有多种解释：一谓佛以一种语言说法，或谓佛在一段时间说同样的法，亦可解释为佛讲的是同一层次的法，但听法者的层次虽不同，而每一层次的听法者，都能听到适合他们各个层次的法义。

我们人间有各种不同的语言，不同层次的知识需求。有的人只懂得一种语言，有的人懂得许多种；有的人只能懂一个层次的道理，有的人任何层次的道理都能了解；层次愈高的人，懂得的道理愈深愈广；层次愈低的人，懂得的范围愈浅愈窄。佛说法时，只用一种语言，或一个声音，或只讲一个层次的法义，却能使众生各随其类得到各取所需的利益。此处的"众生"除了人间身的人类之外，还包括天人、护法神，及许许多多来自他方佛土的菩萨。

有善根者，听闻佛法，各得不同层次的利益；无善根者，听闻佛法，也会曲解法义而毁谤佛法。例如最近有人说我对不起他，我就说"我很抱歉"，结果他便拿着我这句话到处宣扬。其实我只说我很抱歉，让他觉得我对他不起，但我从未说过我有什么对不起他。

又如有一次在一个说法的场合我说了一句"佛是慈悲的"，下座之后就有人追来问我："师父慈不慈悲？"我答："佛是慈悲的，我当然学佛了。"他马上向我要三千元，我不给他三千块钱，就说是不慈悲了。请问：像类似的人，能算是各取所需地理解法义吗？

"众生随类各得解"是说高层次的大菩萨们听到的正是大菩萨法，罗汉们听到的是罗汉法，天人听到的是天人法，而人间一般凡夫听到的就是人间法。因此，佛法分为五乘：人天、声闻、独觉、菩萨、佛，从五乘共法、三乘共法、到大乘不共法，每一乘佛法都是导迷归悟，趣向佛乘。

《维摩经》中的释迦佛，是在同一个时间对各不同层次的众生说同样的法，而众生则各依其自己的别类，听到他那个层次、那个别类的语言及法义。这就是"众生随类各得解"的意思。

昨天早上，我跟我的出家弟子们说："我们法鼓山的根，已经深入于整个台湾。"通常人们看树，只看到树叶及枝干，看不到根，而我们看得到法鼓山的根已普遍深植于台湾的社会。说完后我马上问一位弟子："我们法鼓山的根在哪里？"他答："师父！法鼓山的根在我们的心里。"

他理解的和我所说的差距不小，他的理解虽然没有错，我们法鼓山可以影响人心，但他的心量太小，只想到我们自己，忘了社会大众。应该说："我们的根是植基于台湾二千一百万人群之中，不论直接或间接，所有听到或接受到我们法鼓山所提倡的'心灵环保'及'人间净土'理念的人心，都是法鼓山的根基所在，甚至他们未必是佛教徒。"由此可知，各人对于语言的理解与体会，差异很大。

现在请问诸位："今晚我们的根种在哪里？在我心里还是你们心里？还是都有？"有人说："今晚人间净土就在国父纪念馆。"那么可以说我们的根就在今晚来国父纪念馆所有听众的心中！我们也希望透过中华电视台的录像转播，把人间净土的根深植于每一位听到、看到这场演讲的听众及观众的心中。

接下来看"神力不共法"是什么意思。此处的神力是指佛的福德、智慧与慈悲，已到了出神入化不可思议的程度。佛的福德力、智慧力、慈悲力是无限的，能使不同层次的人听到不同层次的佛法，获得不同层次的利益。佛陀也说人间法、天人法、二乘法、大乘法，可是佛说的人间法与一般世俗人说的世俗道理是不一样的；佛虽也说人间的父母、夫妻、子女等的种种世间事，听起来像是说的世俗事，实则是为要将世间的众生，从凡夫的层次，向着菩萨、佛的层次提升，佛说世间法是为化导众生走向出世间；佛说出世间法是为化导二乘圣者迈向佛乘。这就是佛的"神力不共法"。因为只有佛的神力才能做到，故名"不共法"。一般人讲世间法就是世间法，讲男女事就是男女事，无关乎菩萨法及佛法。

而《维摩经》就不同了，经中〈佛道品〉有言："智度菩萨母，方便以为父"、"法喜以为妻，慈悲心为女，善心诚实男，毕竟空寂舍"，虽然也是讲父母、妻儿、儿女、房舍，却都是回归佛法的。

"众生各各随所解，普得受行获其利"，是说众生各依其不同的层次、需求，听到了他们所想听到的法、所应听到的法，很欢喜并得到法益，这也是佛的神力所致。

有一次我和几位出家众一起开会，各说各话地谈了一阵，我说："今天谈话，没有交集的结论，好像没有开会一样。"其中一位比丘尼则说："我们今天各自说了各人想的，各自听了各人说的，各说各的，各取所需，虽然没有结论，但各人把心中想讲的话都表达了，也听到自己想要听的话，不算白费。"这似乎也有些《维摩经》的意境喔！

"佛以一音演说法，或有恐畏或欢喜，或生厌离或断疑"，也是佛的神力所致。举个例说，佛教讲"苦"，很多人一听到苦就害怕。曾有一位居士看到我们出家众，既无家累，又有饮食供养，有得住、有得穿，到我们寺院作客受招待时，吃了一餐好素斋之后，就说他也想做和尚了，理由是世俗间的生活太苦了。我说："做和尚更苦，那些好素斋是给你们这些不能吃苦的人吃的，我们平常不会吃这些东西。"

出家人身无长物，只求平常饿不死，过冬冻不死，每天早起晚睡，白天为大众服务，早晚要禅坐课诵及礼拜，终年无假日，终身无假期。若你真想出家，要有心理准备。第一，出家生活，吃得差、工作多；第二，出家的苦修苦行相当于下地狱，如想出家，要有"难忍能忍、难舍能舍、难行能行"的心理准备。唯有如此，在出家之后才会发现无碍自在的意境。这位居士听完了我的话，打消了出家的念头。他说："我宁愿将来下地狱，不想现在就下地狱。"

另外有一位菩萨，今晚亦在听众席上，当时他想来出家时，我告诉他："出家以后，非常地苦，师父骂你，师兄怪你，师弟烦你，在家信众要求你，那是苦不堪言的事。"他说："这是消业障，地藏菩萨曾说：'我不入地狱，谁入地狱'，我很想试试看。"结果他真的来出家，而且出家得还不错，请各位给他鼓掌鼓励！

"厌离"是说，同样的苦，有人害怕，有人欢喜，有人厌离。很多人知道世间是苦的，也亲身体会到了苦，所以起厌离心而出家，那是小乘。以大乘的立场看，厌离生死不是必要，厌离五欲才是根本，没有厌离五欲的心就不是菩萨，厌离色、声、香、味、触的五欲，厌离世间的名、利、权、位、势，而人还在世间度众生，方为真正的厌离，发这种悲愿的菩萨行者，就被称为大乘的菩萨。

"断疑"的意思是指明确地知道世间的一切是无常，且无常是苦的本质。今天上午，有几位太太来看我，他们的儿女要出国留学，明知是好事却又舍不得，而哭得老泪纵横，这是人之常情。但要想通：世事无常，从无而有，从有而无，一切现象，本来如此，永远如此。我们出生时，来是一个人来；死亡时，走也是一个人走。人生在世，是来受报，是来造业，有因有果，因缘聚散；知有因果，便可不落断见；知为因缘，便可不执常见。佛陀说法，能令众生断疑生信。不论众生在闻法之时反应如何，或恐畏、或欢喜、或厌离、或断疑，都是进入佛法的方便。故也唯有佛陀具足这样不共神力。

这一段《维摩经》是强调佛说的同一句话，各人皆因层次不同、情况不同而得到不同之体会，获得不同的法益。与许多层次的许多人说法，便是为了净化的社会生活。

三、菩萨如何关怀社会

> "尔时毗耶离大城中有长者，名维摩诘，已曾供养无量诸佛，深植善本。"

> "欲度人故，以善方便，居毗耶离。"〈方便品〉第二

做为一个菩萨，为了深植善根，必须上求佛道；永无止尽、永不懈怠地修学佛法、寻求佛道、供养诸佛。维摩诘已供养了无量诸佛，但仍要继续供养诸佛，直到成佛。菩萨能供养诸佛，必定会勤修佛法，下化众生。上求佛道是利益自己，下化众生是利益他人，因此有下面两句经文："欲度人故，以善方便，居毗耶离。"维摩诘大士于此处不讲度众生而讲"度人"，可见《维摩经》的对象是以人为主，众生是以人为中心，以善

巧方便居住在印度的毗耶离城，成为一个居士。他以什么"方便"度人呢？是用慈悲和智慧。以慈悲心现居士身，用智慧力来帮助众生。所谓方便，是佛菩萨慈悲，应诸机之方域，用适化之便法，来净化人心、净化社会。

佛言："宝积，众生之类是菩萨佛土。所以者何？菩萨随所化众生而取佛土，随所调伏众生而取佛土，随诸众生应以何国入佛智慧而取佛土，随诸众生应以何国起菩萨根而取佛土。所以者何？菩萨取于净国，皆为饶益诸众生故。"〈佛国品〉第一

佛的净土在哪里？常识所了解的佛国净土，东方药师佛的净土是在琉璃世界；上方香积佛的净土是在众香国；西方阿弥陀佛的净土是在极乐世界。《阿弥陀经》里提到六方诸佛，诸经论中常说有十方诸佛，各个都有其佛国净土。

但释迦牟尼佛介绍《维摩经》时说，"众生"就是菩萨的佛土。菩萨的佛土不在佛国，是在众生群中，有

众生之处即是菩萨之佛国净土，有众生需要诸佛菩萨度化之处，诸佛菩萨便在该处出现，菩萨必须深入众生群中，有众生可度才能成佛，菩萨不度众生便不是菩萨，更成不了佛，亦无佛国净土可成就。所以只要有众生需要菩萨调伏的地方，菩萨就在那儿出现，那儿就是菩萨经营佛国净土的世界。

请问诸位，我圣严的佛土在哪里？以今晚而言是这个国父纪念馆，我在台湾弘法，我的佛土就在台湾；当我到中国大陆、美洲、欧洲弘法时，我的佛土就在那些地方。因此地藏菩萨说的"我不入地狱，谁入地狱"是非常可敬的，因为他是下地狱去度众生，他的佛土就在地狱中了。

菩萨的净土都是为"饶益众生"，也就是用佛法的理念及方法，非常充足丰富地利益众生，而非仅花些小钱，给件衣服或一碗饭吃等的物质救助而已。"饶益"是要用慈悲和智慧的佛法，标本兼治，使人得到佛法的利益，即能解脱生死烦恼之苦。地藏菩萨发愿下地狱去度众生，诸位敢不敢去？但也不要勉强，初发心菩萨贸然先到地狱去，可能就出不来了。而大菩萨下地狱不是受报，亦不会觉得痛苦、烦恼，所以他们能不畏艰苦，积极入世，甚至到地狱中普度众生。

四、深入人间关怀社会

阿难白佛言："……忆念昔时，世尊身小有疾，当用牛乳。我即持钵，诣大婆罗门家门下立。"〈弟子品〉第三

阿难说他回忆世尊以前有一次患了小病，需要牛奶，阿难便到一个大婆罗门家去托钵要牛奶。大婆罗门家是大宗教师阶级的家庭之意。这段话是说明佛原是不会害病的，但为了度众生，需要一个弘化佛法的因缘，故示小病需要牛奶好促成阿难去大婆罗门家托钵，这是行化因缘，为度众生，佛才示现有病。

当时维摩诘见到阿难尊者在那里托钵，便过来问明原因，即对阿难尊者说：

"佛为世尊，过于三界。佛身无漏，诸漏已尽；佛身无为，不堕诸数。如此之身，当有何疾？当有何恼？"〈弟子品〉第三

维摩诘说佛不应该有病，佛的身体根本不会害病。他指的是佛的法身，凡夫仅见佛的肉身，大菩萨所见是佛的法身。佛的法身遍在、恒在，是无漏的，不会有任何烦恼。既无烦恼，自然不会有病，怎么说释迦牟尼佛有病？可是当时的阿难尊者，尚是一个未证四果的三果圣者，尚未到达大菩萨的境界，所以看到的是能示现疾病的应化身佛，与维摩诘所见的不同。

即闻空中声曰："……佛出五浊恶世，现行斯法，度脱众生。"〈弟子品〉第三

以上三段经文是有层次的：第一个层次是阿难尊者看到释迦牟尼佛害病，以为佛真有病；第二个层次是超越于有病和无病，维摩诘菩萨认为佛是不可能害病的；第三个层次是说看到佛生病是真的，但是佛本身是不会害病的，为了救度五浊恶世的凡夫众生才示现小病的。第一层次是阿难所见的太低了，第二层次维摩诘菩萨所见的又太高了，第三层次恰到好处，主要是说明佛的出世是为了关怀人间社会。

我们目前的社会十分混乱，人心浮动不安，这样的

社会更需要佛法。有人借口太忙不能学佛，我说就是因为忙才更需要学佛观心，因为身忙，心也忙，忙得晕头转向、心浮气躁，更需要学佛安心。也有人说等到老了再学佛，我说老了就来不及了，人人都及时学佛，及时有用，迟一天学佛就多一天的损失，老了再学，损失就太多了。

维摩诘言：“从痴有爱，则我病生；以一切众生病，是故我病；若一切众生病灭，则我病灭。所以者何？菩萨为众生故入生死，有生死则有病；若众生得离病者，则菩萨无复病。”〈文殊师利问疾品〉第五

这一段经文的精神相当伟大，所谓“从痴有爱”，“痴”是无智，“爱”是贪欲，“我”是以无智的“痴”为本，由痴而有了贪爱，便是“我”的病灶所在。痴不是发疯，是对世间现象的原则不清楚。世间的一切现象皆为因缘生、因缘灭，生灭无常，幻有幻无，明白了这个道理，就不会把自己所有的看得太重，便不会放不下提不起。由于世间法是因缘的生灭，已经是不

好的，加上好的因缘可能转好；已经是好的，遇上不好的因缘也可能变坏。故而我们应把握因缘、创造因缘。然而实际上"有"并非常态，故也不要执着于"我"及"我所有"，那么"自我中心"自然能摆下来，便是离"痴"的智者。

"我病"的"我"是贪、瞋、痴等烦恼的根源，"痴"则是"贪"与"瞋"的根本。一切众生都有贪、瞋、痴，所以都害病，因此连累了维摩诘也害病了，如果众生都不病，维摩诘也就没有病。为什么呢？菩萨为了度众生而进入众生的生死大病之中，就不能够免于有病了。众生的生命现象，即是生、老、病、死的过程，生了一定会死，在生死之间一定会病，"老"是时间过程，有生理的及心理的两大类，如果众生都离病，菩萨自亦无病。这个精神其实相同于地藏菩萨所说的"地狱不空，誓不成佛"、"众生度尽，方证菩提"。换句话说，为因应众生都在大病，菩萨为度众生，也不能不显现病相。

"譬如长者，唯有一子，其子得病，父母亦病，若子病愈，父母亦愈。菩萨如是，于诸众

生，爱之若子，众生病，则菩萨病，众生病
愈，菩萨亦愈。"又言："是疾何所因起？菩
萨病者，以大悲起。"〈文殊师利问疾品〉第
五

这段经文是说，菩萨正如慈爱的父母一样，看到自
己的子女害病，就像自己害病一样，甚至比孩子感受到
更深的病苦。若众生病愈，菩萨的病也就好了。

这个菩萨的疾病是从何而引起的呢？菩萨本身无病
可害，因为有大悲心怜悯众生的关系，示现有病。大悲
之意是以平等心救度每一个有缘的众生。大菩萨看待一
切众生都像看待自己，也像看待自己的独生子一样，故
称为"同体大悲"。菩萨的福报非常大，可以不受任何
苦报，只因看到众生可怜，不忍众生受苦，所以与众
生生活在一起，示现与众生相同的种种病相，以便于
度化。

五、为社会大众点亮无尽心灯

现在有很多地方都在传播"无尽灯"的观念，这无

尽灯的典故即出自《维摩经》。

> "有法门，名无尽灯，汝等当学。无尽灯者，譬如一灯，燃百千灯，冥者皆明，明终不尽。如是诸姊！夫一菩萨，开导百千众生，令发阿耨多罗三藐三菩提心，于其道意亦不灭尽，随所说法而自增益一切善法，是名无尽灯也。"〈菩萨品〉第四

这是说，当某一个人的心理有了智慧和慈悲的光明，便应把自己拥有的这种光明，辗转地传播出去，传给一切的人，可以称之为弘法，禅宗便依《维摩经》叫作"传灯"，一般法师以语言弘法称为"说法"，禅宗以心传心名为"传灯"，是传智慧与慈悲的心灯。今天诸位在此听讲《维摩经》，得到了一些智慧和慈悲的消息，是否也点亮了你们的心灯？我不知道我的心灯有多亮，至少是在借着诸佛的明灯来为众生放光，请诸位向佛法点灯，点亮各人自己的心灯。人人心中点亮了智慧和慈悲的光明灯，人格便能提升，人间的净土就能出现了。

　　一个人关怀千百人，人人关怀千百人，我们的心灯无尽，我们的社会也就普遍地温暖和净化了，这是我对提倡人间净土有非常坚定信心的原因，为什么？因为《维摩经》讲，人人都可以成为无尽的灯。我们这个世界，只要有人弘扬佛法，只要有人提倡净化社会，我们的社会一定会净化。

六、入乡随俗，关怀随缘

　　我们都知道"入乡随俗"这句话，菩萨度众生也是应该如此。《维摩经》的〈香积佛品〉，介绍此娑婆世界的上方过四十二恒河沙佛土，有佛国名众香，佛号香积，其国依正，一切皆香，有九百万菩萨都想来此娑婆世界，供养释迦牟尼佛，并欲见到维摩诘等诸菩萨众。当时的香积佛即嘱彼诸菩萨言：

　　　　"可往，摄汝身香，无令彼诸众生起惑著心。又当舍汝本形，勿使彼国求菩萨者而自鄙耻。又汝于彼莫怀轻贱而作碍想。"〈香积佛品〉第十本经〈香积佛品〉，介绍此娑婆世界的上方过四十二恒河沙数的佛土，有一佛土，名众香国，佛名香积，在此佛土中的正报大众都是菩萨，依报环境全都清净庄严，而其特色，一切都是芳香的，超出十方诸佛世界的天人之香。共有九百万的菩萨希望到这个娑婆世界来亲近供养释迦世尊并与维摩诘等菩萨会面。香积佛便告诉这九百万菩萨们说："你们可以去娑婆世界，但要把自己身上的香气收摄起来，否则会对娑婆世界的众生产生惑乱作用，令他们心生烦恼；同时也要把雄伟高大的庄严身相缩小，以免给娑婆世界求菩萨道的众生，见了自惭形秽，此界人类身相矮小，而且身有体味而显得丑陋，相形之下，可能会自失求学菩萨道法的信心。"因此香积佛希望这些菩萨们把自己的众香庄严相收摄起来，再到娑婆世界来，免得娑婆众生闻香见形而感到自卑和羞耻，自觉丑陋而感到惭愧没有信心，故称为"鄙耻"。此外香积佛还告诉这些菩萨们，到了娑婆世界也不可以生起看不起此界众生的心。

这就是说，菩萨到任何一个社会和环境中去，都会为了容易被众生接受，而以方便力适应那个环境，他们会收起他们的福报庄严智慧相，以非常平凡的身分和形态出现，先将自己同于他，渐渐地让众生接受自己和追随自己。

二十多年以前，我在台北市的善导寺担任佛学讲座，有一位穿得破破烂烂，还背了个破篓子的居士要求见我，另一位常来听我讲经的居士告诉他："法师不会见你的，穿得这样破烂，太不礼貌了。"他一再向那位居士恳求见我一面，我知道了就出来见他，他见到了我，顶礼三拜，便塞给我一个大红包，并且对我说："师父您要去留学，我这一点积蓄供养您的。"那是一位已经退休的小学教员，他常常现乞丐相，在台北街头与穷苦人为伍，虽然衣着破烂，他的慈悲布施供养之心，却使人起敬，使我难忘，真是一位菩萨行者。所以，菩萨到什么样的社会，就显什么样的身相见人。他们没有固执某一种形相，不会拘泥于某一种方式，而以体恤众生为原则。

维摩诘语众香国来诸菩萨曰：

"此土众生刚强难化故，佛为说刚强之语以调伏之。言是地狱、是畜生、是饿鬼、是诸难处，是愚人生处。"

"是得罪、是离罪，是净、是垢，是有漏、是无漏，是邪道、是正道，是有为、是无为，是世间、是涅槃。"

"此土菩萨，于诸众生，大悲坚固，诚如所言。然其一世饶益众生，多于彼国百千劫行。所以者何？此娑婆世界，有十事善法，诸余净土之所无有。"〈香积佛品〉第十

这些话不是恐吓人，也不是威胁人，佛要说明刚强难化的众生相及果报相，目的是警惕，譬如什么样的人造了什么样的恶因，便会下堕地狱受苦罪；什么样的人做了什么样的恶事，便会沦为畜生的苦报，但仍有很多人不信。事实上，地狱、畜生、饿鬼，都真是有的，种种的危难险恶处也都是事实俱在的。

佛为调伏刚强难化的众生，而说有地狱、饿鬼、畜生的三恶道果报。如果愚痴顽强不愿接受佛法，不想修学戒、定、慧，便有可能由于贪、瞋、痴等的烦恼心重，造作杀生、盗贼、邪淫、妄语、两舌、恶口、无义语、贪嫉、瞋恼、邪见的十重恶业，即受种种恶报。佛

为这些众生而说这些法。本经同品云："以难化之人心如猕猴故，以若干种法，制御其心，乃可调伏。"

"地狱"及"饿鬼"，人类的肉眼无法见到，但事实有此二类受苦众生；"畜生"是除人类之外的一切动物。此三类众生，或因苦重，或因受缚，或因愚昧，都无缘接触佛法，修行福慧，故名"难处"。若造十恶行，即受十恶报，也是苦趣。造恶业得恶报，离恶业即离恶报。进一步若修佛法，便修净业而离罪垢；修持佛法便能从有漏业成无漏业，从邪道入正道，从有为成无为，从世间入涅槃了。

"此土菩萨，于诸众生，大悲坚固"，因为娑婆世界有十种善法可修，其他净土则无也。所谓"十事善法"，本经本品有云：

"以布施摄贫穷，以净戒摄毁禁，以忍辱摄瞋恚，以精进摄懈怠，以禅定摄乱意，以智慧摄愚痴。说除难法度八难者，以大乘法度乐小乘者，以诸善根济无德者，常以四摄成就众生。"〈香积佛品〉第十这些佛法都是为了劝我们用功修行十善、三无漏业、六度四摄等，起大悲心；在娑婆世界修学佛法，行菩萨道。因在此土度众生，要比众香国诸菩萨们在众香国度众生的功德更大；在此娑婆世界一世之中所度众生的功德，比在众香国百千劫度众生的功德还大。为什么呢？因为众香国的众生福报太大，环境太好，身上是香的，吃的也是香的，身相庄严，所见所闻都是好的；而我们这个世界所见所闻都是烦恼相，娑婆世界的众生比起众香国的众生可怜得多，所以我们发菩提心行菩萨道者，应该留在娑婆世界广度众生。

诸位菩萨听了《维摩经》后，要在这世界上尽一生之努力度众生。至于来生到哪里去？倘若自己尚无把握，就先求往生西方极乐世界，再发愿来娑婆世界广度众生，然后才能成佛，否则到了极乐世界不愿再来是不可能成佛的。但是如果信心具足，那就不必求生极乐世界，生生世世都在此世界修行菩萨道，经过三祇百劫，必定成佛。

我有好多弟子，跟我打完禅七后，均信誓旦旦，愿生生世世追随师父一直到成佛为止。我说："如果我每一生都在娑婆世界经常受苦受难，你也愿意追随吗？"

他们便改口说："师父，那请先帮忙让我开悟，否则就帮助我往生极乐世界，不退之后再来人间吧！"能发这样的愿心，也是很好的。但在开悟之后以及往生极乐世界之前，希望大家要用佛法把这个现实的社会照顾好，把自己和家人照顾好，才是初发心的菩萨所应有的责任。

（一九九三年九月二十五日讲于台北市国父纪念馆）

第二讲 《维摩经》与福慧双修

第二讲的讲题是"《维摩经》与福慧双修"。

《维摩经》是极受中国人欢迎的一部经。在佛教里分成好多宗派，其中最有名，在中国流行得最广，时间持续得最久，绵延不绝，直到现在还是以它为主流的，那就是禅宗。

禅宗的六祖惠能大师留下了一部书《六祖坛经》，里边至少有六处引用《维摩经》的经文。（参考拙著《禅与悟》所收〈《六祖坛经》的思想〉）

有人说《维摩经》是居士佛教的一部经典，因为《维摩经》的主角是一位居士，叫维摩诘长者，他以居士身来为许多的菩萨及当时释迦牟尼佛的比丘、罗汉弟子说法，所有的菩萨及罗汉弟子们，在维摩诘长者面前都相形失色，变成了像是没有智慧的人，而他只是一个居士而已！

因此，有人说《维摩经》应该不是由出家人来讲。其实那是错的，维摩诘菩萨虽现在家居士身，却是一位持戒清净的人，所以在《维摩经》里有这么几句经文：

"虽为白衣，奉持沙门清净律行；虽处居家，不著三界；示有妻子，常修梵行；现有眷属，常乐远离；虽服宝饰，而以相好严身；虽复饮食，而以禅悦为味。"〈方便品〉第二

所谓白衣，就是居家修道之士，维摩诘以居士身，却具足了出家人的清净戒律和威仪，所谓"沙门清净律行"，至少已具杀、盗、淫、妄的四根本戒，另有比丘及沙弥的行仪。一般的居士是做不到的，所以这是一位大菩萨，不能以世俗的在家身来看他。他现居士相并不等同一般的在家人；他是身居俗家，行仪如比丘，心出三界外，不着欲界的五欲，不住色界、无色界的世间禅定之乐；他有妻有子，可是常修脱离男女淫欲的梵行，这是菩萨的化现，我们无法想象。他有许多的眷属，但对家眷并不贪恋；常乐独身远离。他也着好衣饰，照常

饮食，心中常以禅悦为味。是故《维摩经》并不限于是在家居士的经典，乃是出家、在家菩萨们共同需要，大家宣扬的一部重要大乘经典。

大乘的菩萨是成佛的根本，如果要成佛，必须修两种法门：第一要入世修福报，第二要超脱修智慧。

修福报就是慈悲心，对众生关怀、救济、援助和化导，这一些叫作福行，换言之，修福报就是利益众生。修智慧就是断烦恼，同时也用断烦恼的智慧去协助他人离苦得乐。用智慧来指导自己断除烦恼，也用智慧来指导自己修行福报，成佛之后的佛，是福慧两种功德都已具足圆满的人。

想要提升人的品质，必须修福修慧，有智慧才有能力健全自己的人格，修福的最大功德是使大家都有智慧来健全每一个人的人格，这也就是建设人间净土的着力点。这也就是我们法鼓山的理念，这也是修行佛法的两轮和双轨。福慧并重，如鸟两翼，缺其一便不能飞；两翼强弱不一，就飞不平衡，当然也飞不远了。

诸位听众菩萨们，因为信佛学佛、听闻佛法，所以是有福的人。而听懂佛法减少烦恼，则是有智慧之人。可知能来听闻佛法，便是福慧双运。

我今天在此讲演佛法，也是福慧双修。要讲《维摩经》，自己便需研读《维摩经》、体会《维摩经》，因此也能智慧增长；自己体会之后再来告诉诸位，让大家都能享受到佛法的利益，因此而福德增长。我有这样的机会，固然要感恩三宝，也应当感谢诸位前来听我讲演的善友。

以下从《维摩经》里抄录了与福慧二门相关的经文，分成四节，介绍给诸位，并请指教。

一、修行佛法不出福慧二门

六度万行即是福慧二门：

"布施、持戒、忍辱、精进、禅定、智慧及方便力，无不具足。"〈佛国品〉第一

六度之首是"布施"，有财施、法施、无畏施。财分内外，内财是身体，外财是眷属及物品。法是佛法的道理及修持戒定慧、息灭贪瞋痴等烦恼的方法。无畏是以慈悲心，使众生脱离怖畏恐惧。若能于自己修学佛法

的同时，也以身示范，做义工，出钱出力出时间来护持三宝，弘扬佛法，救度众生，便是三施并行，自利利人。

"持戒"是不应该做的不要做，应该做的非做不可，包括身、口、意三业，基本原则是五戒十善，细分则有三皈、五戒、八戒，为在家戒；沙弥戒、比丘及比丘尼戒，为出家戒，尚有出家菩萨戒及在家菩萨戒。六度中的持戒，是由约而繁的一切戒。

"忍辱"就相当难了，我们所谓的忍辱是对一些不应该接受到的侮辱、欺负、打击或是莫名其妙的诬蔑毁谤，能够予以容忍谅解。很多人说名誉是第二生命，一旦受到破坏，是非常痛苦而不能忍受的事。可是做为一个佛教徒，做为一个菩萨行者，"忍"却是非常重要的事，我们是小的折磨要忍，大的冲击也要忍；刺激要忍，诱惑要忍；痛苦要忍，享乐也要忍；失败要忍，成功也要忍。唯有能忍才是最大的福报，不能忍者，好事会变成坏事，小祸会变成大祸，甚至变成杀身灭族亡国之祸。

"忍"并不等于逆来顺受，而是尽可能不要以正面冲突，不要以牙还牙、以暴抑暴，要想办法回避，减少双方的损害到最小程度。柔能克刚，钢刀虽利，用之不当，容易缺口折断；水势很柔，落地之后则无孔不入，你砍它一刀，它断了以后马上又接上。所以最柔的反倒是最强的。

菩萨的力量建立在慈悲，慈悲的精神，并不等于忍辱；面对众生时，若能忍辱，也是慈悲的心怀。慈悲是一种包容、接受、涵盖，能够把所有的人，不论是敌人或亲人，不论相识不相识，全部看作是现在的菩萨、未来的佛。

当你遇到恶人敌人出现在你面前的时候，往往是来加害你的，让你痛苦，而你还能包容他，就叫忍辱，是菩萨行者。忍辱的目的，不仅是为了自己，也是为了对方，因为不忍辱必然两败俱伤；忍一时不但保全了自己也保全了对方，是故忍辱在佛法里是非常地重要，它是一种表现智者风格及仁者心胸的美德。

忍辱的相似名词是退让，并不是懦弱。退让是不直接跟人逞强，改以绕一个弯转走出路来，或是向下挖一个洞开出一条路来，或是往上翻越一座山岭伸展出一条路来，总之是不直接跟他人起冲突，但还是要想办法解决问题。

很多人把忍辱当作逆来顺受，这是错误的。我一生之中常是一个失败者，常常遇到鬼挡墙，但我不会向鬼的怀抱闯去，让他抱住跑不掉，我会采取回避的方式，过去就没事了。因此忍辱和精进，也是相辅相成的。

"精进"是努力不懈怠，不借故偷懒，不逃避责任，不畏首畏尾，一旦确定了方向和目标，便全心全力地投入，不畏艰巨，不怕阻挠，不担心失败和挫折，并且愈挫愈奋，正如儒家所说"天行健，君子以自强不息"，佛法的精进，是成佛之必须，成佛之后，广度众生，也是精进。

"禅定"是一种稳定力、一种安定性、一种相当沉稳和清明的心境。如果我们的心态不稳定，身体的威仪不庄重，必然没有安全感。我们应随时保持身心的稳定，以及待人处世、工作态度的稳定。很多人认为打坐叫作禅定，当然禅坐也是大乘禅法的一种，可是在《六祖坛经》里讲："外离相为禅，内不乱为定。"又说："心念不起，名为坐；内见自性不动，名为禅。"

"智慧"是不用私情及感情等情绪来处理事情，以纯客观的态度和超然的角度来面对我们所遇到的人、事、物。但于一时间不容易很快做到，所谓"当局者迷，旁观者清"，为人家判断事情、处理问题较容易，因为他人的问题与自己无关，处理错了也没关系；自己的问题就难了，常因考虑到切身的利害关系而手足无措，难以做决定。所以一定要把自我的立场摆下，才能有无私的智慧。

"方便"是用种种方法以便利众生、广度众生，方便众生来接受佛法。方是处方，用种种的处方、观点与作法，来适应时机、适应环境、适应对象，便利众生，得到智慧、增加福报、解脱烦恼，得到真正的自在。

我们法鼓山的护法信众，有一个很好的名称，叫作"万行菩萨"，就是修行六度万行的意思。为什么六度等于万行？凡是种种的方便法门，无数无量的法门，都可用布施、持戒、忍辱、精进、禅定、智慧来涵盖统摄，也可以说，用六度做基础纲领可以开展出菩萨道的种种修行法门来。

归纳的结果，布施、持戒、忍辱是福行，禅定与智慧是慧行，精进则兼助福慧两门。布施、持戒、忍辱这三项是属修福报的行为，禅定和智慧是属修智慧的行为，精进则是帮助福慧双修的。我们修福业时要精进，修慧业时也要精进，因此佛教绝对不是消极逃避现实的宗教，佛教是讲求效率和努力的宗教。如果是逃避现实的，怎能修福？倘若是消极的，又如何修慧？所以必须是福慧双修，才是菩萨道和佛道的修行者。

若干佛教徒逃避现实，自修自了，不管人间疾苦，不关心众生的苦厄，这些人必然是不曾了解真正的大乘佛教是什么。过去有很多似是而非的佛教徒，所以佛教被误解很深。今天正信的佛教徒愈来愈多，所以佛教愈来愈兴盛。目前的社会需要更多正信的佛教徒来提升自己的品质，建设人间的净土。

而经文中的维摩诘居士：

"欲度人故，以善方便，居毗耶离，资财无量，摄诸贫民；奉戒清净，摄诸毁禁；以忍调行，摄诸恚怒；以大精进，摄诸懈怠；一心禅寂，摄诸乱意；以决定慧，摄诸无智。"〈方便品〉第二

这一段的经文其实还是在讲六度法门，并说明维摩诘大菩萨在人间度众之行仪。维摩诘菩萨所住之毗耶离城已解释过，是释迦牟尼佛时代印度六大名城之一，他

是为了度人而用善巧方便住在毘耶离城。他很有钱，资财无量，富可敌国，是一个大富长者。他用这些财产饶益众生，摄受贫苦大众，救济、帮助以及感化、教育他们。

现代世界是否也有这样的大富长者？有的，现在的大企业家用他们的智慧、资本经营事业，创造我们国民的就业机会，一个人就业等于一个家庭得到救济。一千人的公司或工厂等于照顾了一千个家庭，每个家庭至少有二、三个人，那么至少有二、三千人因这个公司或工厂而得到生活之依靠。我们帮助人与其直接给他财物，不如给他工作机会帮助他独立，凭一己之劳力赚取生活所需，就如俗话说"给他米吃，不如教会他种稻"，自己会种植就永远不愁没饭吃了。帮助贫民能够安居乐业，才是救济贫民最好的办法，才是真正大富长者之行为。我个人非常佩服企业家们，不论他们自己承不承认，我认为他们就是长者居士、菩萨行者，但要加上修学佛法，也要劝勉跟他们相关的大众，一齐来学佛。

维摩诘居士虽然资财无量，都是用来救济贫民，自己则自奉甚俭，持戒清净，丝毫不挥霍。我认识很多大富长者，有好多位也是非常节俭，比如今天早上来看我的一位董事长，在谈话过程中，我告诉他："以你的穿着，即使开着好车，不知道的人会以为你是司机不是老板。"这种人不奢靡享受，生活淡泊，也可以说是持戒的美德。一个有头脑经营大事业的人，有很多钱，尚能乐善好施，勤俭自持，便是在家的菩萨形态。有一种人，收入很多，却是刻薄他人，也不让自己享受，这就是守财奴而不是大富长者了。如果有钱而只顾自己不照顾贫民，那是富而不仁，也不是大富长者。

我听说现在大陆上有很多本来是很穷的人，因以个体户的方式，做生意赚了点钱，就吃喝穿用，都奢侈了起来，这叫暴发户、穷骚包，虽然有钱，不知节俭，不知布施，当然不是大富长者。

一个能自我爱惜、自我检点的人，必定也是一个非常精进努力修行的人，他的心情，经常是处在非常安静稳定的状况中，甚至于根本没有什么冲动，没有杂念妄想，那便是有了智慧的人；他就能对无知者给予智慧，对懈怠者给他精进，对有妄想很多的人给他安定，使那些不容易接受教育与训练的人，虚心地来接受种种的道德训练，使常发脾气的人能够忍耐。这便是维摩诘居士所做的种种工作。实际上任何一位在家居士，都可以学习着维摩诘的心行，来做修行福慧、普度众生的工作。

二、从有到空的福慧双修

大家都知道，佛法是讲空的，但须知空一定是从有而来，空是学佛的目标，空的基础则是"有"，没有"有"怎么可能有"空"？必定先"有"才能"空"。好比说一个人要出家，他现在一定有家，才有家可出，如果没有家怎能叫出家？就是智慧也好、福报也好，也都要先"有"，在有了福报、有了智慧之后，再把福报与智慧的观念放下，也把自以为拥有福报、拥有智慧的占有感放下来，那才是真正修学佛法的目标，那便是空。

而经文中记载维摩诘居士：

"游诸四衢，饶益众生。……若在居士，居士中尊，断其贪著。……若在大臣，大臣中尊，教以正法。……若在庶民，庶民中尊，令兴福力。若在梵天，梵天中尊，诲以胜慧。"
〈方便品〉第二

维摩诘居士"游诸四衢，饶益众生"，所谓四衢是四通八达的交通要道，是车水马龙的繁华市区，来来往往的人非常地多，就像现在东京的银座和新宿、纽约的时报广场、台北市的西门町。菩萨要到人口聚散的公共场合去帮助众生、利益众生。这是描述维摩诘居士行菩萨道利益众生，使众生有福、有慧，离苦得乐。他是怎样利益众生的呢？他有无量方便化无数身分，例如：

（一）若在居士群中，即被居士大众之所尊敬，使得居士们因此而断其贪求执着。

居士是居家修学佛法之士，凡是有家庭的人，不论结婚与否统称为居士，男的叫男居士，女的叫女居士。有人说没结婚的人应该和出家人一样，但是住在家里不住寺院不能叫出家；又有人说在家人住在家里有儿有女，出家人住在庙里有徒弟徒孙不也等于家吗？但一个是彼此牵挂、互相纠缠的俗家，一个是共修道业、共同弘化的僧家，截然不同的。出家人是依僧而住，依师学法，随佛出家。我的弟子们在求度出家时，我都是这么说的，他们是随佛出家不是跟我出家。出家是无私人家庭的，乃以如来的家业为家，如来的家业是要勤修戒、定、慧，要弘扬佛、法、僧；弘法利生是我们的家业，而不是以储蓄财产、占有名位、生儿育女为家业。

维摩诘居士在居士群中受到尊敬，因他能够影响居士们断除贪欲的执着。他自己现身说法，以居士身，拥有财产、拥有家属，但他不是享受财产与家属，也没有占有财产与家属，只有用财富照顾家属、关怀社会。

身为居士而能够没有贪着，没有私欲，没有舍不得，是难得的菩萨行。普通的居士们，在听闻佛法的时候，可能会想自己也能做得到，一旦临到自己头上时，恐怕就难以做到了，所以要学习维摩诘居士，能够学习就会有福有慧，不想学习那就会烦恼多多了！

（二）若处身于大臣群中，即被全体大臣尊敬，并教他们如何以正法治理国政。

大臣就是高阶的官员，是为人民服务的人，现在称官员为公仆，用他们自己的施政理念和方法来为许多人民服务。如果为官者的施政理念有偏差，施政方法举棋不定，人民就要倒霉了；如果他的理念好，方法好，人民就有幸福。正所谓"身在公门好行善"。

居士做了高官，就在官员之中受人尊敬，一定也能受到人民的尊敬，自然而然，就会风行草偃，他便可用正确正信的佛法来影响他的同僚，利益人民。

我们现在台湾有位清廉而又受人尊敬的高阶官员，他是一位佛教徒，很多人对他有很好的口碑，当大家都在争财产的今天，他却把自家的住宅及祖先的墓园都捐给了国家。我想凡是正信的佛教徒，做官的话都会是清官好官。我们不能奢望所有的大官都成为佛教徒，但希望所有的官员都能以正法行德政。不是佛教徒的官员，如果他们的施政方针及行政理念，跟佛法的智慧与慈悲相应，也会是好官。

（三）居士若在当老百姓的时候，一定受到全乡民众的尊敬，成为乡贤父老，因此而使民众一齐来推动各种福利事业。

一般老百姓称为庶民，居士若能受到广大民众的尊敬，就能以自己的人格道德影响他人。其实如果你在兄弟姊妹中受到尊敬，也会影响他们的思想、信仰和性格；在任何角落、任何环境里，你如能受他人的尊敬，均能发挥影响力的。

我们不是叫别人来尊敬自己，而是先要健全自己，奉献出自己去关怀别人，才可能被人尊敬，受人尊敬以后才可能影响他人。这也是我一次次提出的理念：要先提升自己的品格，才能建设人间净土。诸位一定要掌握这个原则，不是用高压手段来逼迫别人的尊敬，而是用真诚的心行来感动别人，获得尊敬。

（四）若生于梵天，便受梵天大众所尊敬，因此有机会使得大梵天人，都来修学开发殊胜的佛慧。

梵天是色界的初禅天。凡夫世界一共有三界：欲界、色界、无色界，梵天是属于色界，色界里有初禅、二禅、三禅、四禅天。初禅天有三个层次：梵众天、梵辅天、大梵天；梵众是梵天界的人民，梵辅是梵天界的官员，大梵天是梵天王，梵天中最尊贵崇高的是梵天王。做了梵天王，能用佛法的智慧来训勉告诫梵天上所有的一切天人。因为梵天虽有福报，但没有"无我"的智慧，因此告诉他们要放弃自我才能有殊胜的智慧。

时维摩诘来谓我（目犍连）言："……夫说法者，无说无示；其听法者，无闻无得。譬如幻士，为幻人说法，当建是意而为说法；当了众生，根有利钝，善于知见，无所罣碍。以大悲心，赞于大乘，念报佛恩，不断三宝，然后说法。"〈弟子品〉第三

"无说无示"、"无闻无得"是胜慧行，"为幻人说法"、"了"知"利钝"是胜福行。

真正的说法，一定是无说无示；而真正的听法，一定是无闻无得。"说"是说法，"示"是表示、显示，演说给大家听，使大家理解的意思。真正说法的人，是没有东西好说，也没有东西可以告诉人；而真正听法的人，也是没有东西可以听到、得到，这两句话颇为难懂。譬如我说法，似乎是有法可说，诸位也是有法可听；我说法之后，如认为自己说了一定的法，诸位也认为听到了一定的法，那就不是真正的说法和听法。

真实的法是无法说明的，凡是能用语言表现、耳朵听闻的，都属于符号，都是间接又间接的一种表达，不是真实的佛法。现在说一个简单的比喻：我这杯子里装的是开水，我说有半杯、满烫的，并且喝了一些；这半杯究竟是多大的半杯？有多烫？什么味道？喝了多少？无论我描述得多么详尽，你们都很难了解得十分清楚，你们的了解必定与实际状况有差距。这就是"如人饮水，冷暖自知"，一定要身历其境亲自体验，才能知道真相。但是即便实地去体验物质现象，也还是幻相，仍不见得就能体悟到实相。

有人初次见到我，就说认识我，我活了几十年连自己都不全认识自己，他一见面就认识我，怎么可能呢？连昨天的眉毛都与今天的不一样，可能又少黑了几根或多白了几根，我们有几人识得自己？遑论别人了。

虽然用语言表达的诸法现象，不是真实的法，但是不用语言表达也是不行，否则不说不听，你们也就不可能知道这个道理。所以先说有法，然后说无法，无法表示"有相皆妄"。因此要"无闻无得"，听了以后不要以为真正听到了法，但做为入门的参考是必要的。

"譬如幻士（魔术家）为幻人说法"，就像魔术师为那些他自己变化出来的人说法，他说的是不需要说的法，那些他变化出来的人也根本不需要听他的法；这个比喻是说明我们说法跟听法的人要做如此想，否则执着于所说和所听的法，将有碍于解脱。

人们常有一个现象，当在掉入一个陷阱后，不管是被别人救起来或是自己爬出来，很容易又一脚踩入另一个陷阱里。所以必须时时警戒自己，避免身陷泥泞，愈陷愈深，无法自拔。有一个美国人，结婚之后夫妻常吵架，最后离了婚，他告诉我："我的太太真不是人，几乎要了我的魂，现在离婚总算解脱了。"我问他："要不要再结婚？"他说："当然要，正在找。"我说："这个太太要你的魂，下个太太可能会要你的命。"解决问题的方法是娶了太太，应当尊重她、关怀她、包容她，彼此多沟通，相互信赖，不要彼此计较，相互猜疑，就不会成为丈夫的绊脚石了。

目前台湾的家庭结构是很脆弱的，离婚率是东南亚最高的。学佛的人是不轻易离婚的，不然就如刚才的例子，跳出一个陷阱又踩进另一个陷阱里去了。

当知众生根器有利有钝，各不相同，要用无罣无碍的智慧为他们做不同程度的说法，对什么样的人说什么样的法，才是真正的说法，才能对听者有利益。

释迦牟尼佛成佛以后至涅槃为止，一共说了四十九年的法，说了种种的经典，每一部经典都说是最好的。有人问我："释迦牟尼佛每次说法，都说这一部经典是最好的。请问究竟哪一部经才是最好的？"我回答是："你认为哪一部经现在对你最有用，那一部经就是最好的。至于往后怎么样，就要看你的需求而定了。"读经不是研究学问，以实用实益为着眼。如果以学术思想及历史轨迹来研究佛经，那是另一回事。

这种观念也可用到不同的宗教信仰上，今天早上我收到一位四年前在农禅寺求受皈依的居士给我的一封信，写着："圣严法师，从此以后请您不要再寄任何通知给我，我已经受洗皈主了，我认为耶和华比释迦牟尼佛对我更有用。"看了这封信我先觉得可惜和遗憾，我未能帮助他从佛法得到安心的利益，除此之外，我只好说：善哉！善哉！他已经得到了他所要的东西，我应该为他祝福。

佛说法的态度，也就是这样子，对不同层级、不同根器、不同情况的人，演说不同的法，这叫随缘说法无所罣碍。我不会认为佛教徒变为基督徒是不光彩的事；就好比我这儿的补品太补了，有的人不能受补，对于养分较少的东西反能接受，能得其所哉也是好的。也有可能他所求的东西我这儿就有，只是他尚不知道。如果有一天他又回来了，我还是会说："善哉！善哉！他终于发现佛法才是他要的东西了。"佛的慈悲是广大无限的，我们的心应学习着包容一切众生，关怀一切众生，无论他是否为佛教徒，是否皈依三宝，一律给予平等的关怀和慈悲。

大乘佛教不拒绝任何人搭乘大乘列车，大乘就好比是地球那么大的一个盛载物，整个地球是大乘的车子，地球上虽有各式各样的交通工具，如脚踏车、汽车、巴士、邮轮、飞机、火箭等等，每个人可能搭乘不同的交通工具，但通通是在地球这个大盛载物之上，是在大乘的列车上，所以这位信徒虽然信了基督教，我却认为他还在我们的车子上。佛教是宽宏大量的，连敌人都能包容，何况只是信了不同的宗教。

我们应报佛恩所以不断地弘扬三宝，因为要弘扬三宝所以不断地说法，绝不因有人不接受就不弘法；我们是为自己得到佛法的恩德和利益，欲报佛法的恩，亦称报三宝恩而弘扬佛法；我们是听到佛法而得到利益，所以也以佛法帮助众生来回馈，是故需要说法。

维摩诘居士为何要说"譬如幻士，为幻人说法"？有三层原因：1. 真佛不见佛，真佛虽常说法，乃是不用名相，超越语文的。2. 化佛说法，所以佛亦幻化非真。3. 众生幻生幻死，只要大悟彻底便能突破虚幻生死，进入涅槃，所以听法的众生亦是幻人。

"无说无示"、"无闻无得"，是实证诸法实相即是无相的一切智，即是胜慧，也就是成佛的智慧。诸佛菩萨"为幻人说法"，是为使得如幻的众生"了"知根器的"利钝"。自断烦恼是慧行，广度众生是福行；福慧双修是菩萨道，福慧圆满是佛道。

　　时维摩诘来谓我言："唯大迦叶，……其有
施者，无大福、无小福；不为益、不为损。是
为正入佛道。"〈弟子品〉第三

　　普施众生是"福"行，不为益损是"慧"行。
　　凡夫众生对人做了好事之后，总希望获得回馈，种
大福希望得大福报，甚至种小福也希望得大福报，一般
佛教徒也是如此的。有些人等而下之，更是为了求福而
许愿，或为求事业顺利、仕途通达，或为求儿女学业精
进，或为全家消灾免难，而在佛、菩萨、神前许愿祈
求，如能满愿便去还愿，做某些好事。这等于是先贷款
后还钱；幸好佛菩萨慈悲，没有要求以任何物品做为信
用抵押，就先给与贷款。这是布施心的第一个层次。
　　另外也有先做好事，但希望好人有好报，种善因得
善果，种瓜得瓜，种豆得豆，还希望种一粒瓜能得十粒
瓜，种一粒豆能得百粒豆。这是第二种层次的人。
　　有些人是自愿做好事做善事，并且很认真地做，心
甘情愿地做，他们做义工不求回馈，以为做义工的本身

就是一种享受、一份获得，这种观念在欧美社会已在流行，在我们国内则尚未十分普遍。这是第三层次。

有些人种瓜不为自己，种的瓜是要分享给他人，没想到是为自己，种的时候也不预期有多少收获，收获多福报多大家分，收获少表示大家福报少，一样大家分享。这是第四层次。

另一些人的境界很高了，他们只管用心种瓜，收成之后与大家分享，却不觉得自己做了这些事有什么了不起，心里全然不留痕迹；万一没收获是因缘不成熟，也不觉得有什么大不得了的，把行善布施的过程当作就是修行。只知道这是学佛修菩萨道的人应该走的路，所谓"做一天和尚撞一天钟"，做一天人就应勤勤奋奋地努力，尽人应尽的本分，至于有没有回馈、有没有收获，不用计较、不用执着。其实，若以无所求心布施者，皆有大福，心大福也大，尽心尽力行布施修供养，不求大福，不求小福，不考虑个人利益损失，便是菩萨的无相行。能够布施的本身，便是大福德行。这是第五层次。

经文"其有施者，无大福、无小福；不为益、不为损"，就是以上所讲的第五个层次。

一般人不容易一下子就到达第五个层次，不过至少

应做到第三或第四层，请诸位试试看。如果老是停留在
第一个层次的话，等于没来听经，第二层次则是听经没
听懂，第三层次表示已经在学习了，第四个层次、第五
个层次是已经是圣者，乃至已到达佛果的程度。

三、修福修慧的层次

"如是宝积，菩萨随其直心则能发行，随其
发行则得深心；随其深心则意调伏，随意调伏
则如说行；随如说行则能回向，随其回向则有
方便；随其方便则成就众生，随成就众生则佛
土净；随佛土净则说法净，随说法净则智慧
净；随智慧净则其心净，随其心净则一切功德
净。"〈佛国品〉第一

"直心"、"深心"、"意调伏"是初机智慧；
"回向"、"方便"、"成就众生"、"佛土净"是无
尽福田；"说法净"、"智慧净"、"心净"、"一切
功德净"是究竟智慧。这一节经文在讲修行的种种层
次。菩萨首先要有直心，"直心"是诚恳正直无扭曲的

心，对三宝有真诚的信心，乃至于对每一众生皆能成佛有信心，对任何众生都不失望。有了信心之后，就会产生度众生的种种方便善巧的行为，包括福行和慧行；开始修福修慧之后，其修行的工夫愈深，信心便愈坚固，体会也愈恳切，叫作"深心"；体会愈来愈深，信心愈来愈坚固，烦恼自然愈来愈少，这叫"调伏"；凡夫的心通常是心猿意马、妄想纷飞，没有办法控制，这叫不调伏，要使自己的心能够善念不起、恶念不生，那是非常不容易的。

调伏的过程是从有善有恶、知善知恶、行善去恶，慢慢地调，首先要驾御自己的心，只有善念没有恶念，然后再做到不思善、不思恶，善念不起恶念不生。随其调伏的功能，就能照着自己对佛法的体验和认识而向他人宣说。

我小时候住在非常偏僻的乡下，从未见过也未吃过香蕉，有一次我哥哥从上海带来一串香蕉，已经烂熟得皮都差不多黑了大半，不够全家一人分一条，因为我最小，所以分到一条，尝了一口觉得真是从未享受过的人间美味，心想学校里的同学们肯定没吃过，就再也舍不得吃，拿到学校每个同学舔一口，让同班的每个人都尝到了香蕉的味道。后来我知道佛法对自己有用，佛法这么好，我以同样的心态，认为别人也会需要，便不断地将佛法传播给需要它的人，直到今天。这就是调伏自己，便要如说修行。

"随如说行则能回向"，当在如说修行之后，还要能够不居功德，那就应当回向。回向是自己所做的功德，要分享给他人，这点很少人能够打内心起做得到，虽然有人做了却不是那般恳切的。譬如自己带头做了某件事之后，总不忘告诉别人这是我做的、我促成的、我建议的、我……。很多很有名的人物，也都无可避免，总希望别人知道自己所做的种种好事。但这是不公平的，一件事的成就是由很多人共同努力而成，不是一人之力能单独完成的。

当自己完成了一项工作的功德，不应沾沾自喜地以为仅是自己个人的成就，要认为这是社会环境及所有相关的人员共同努力促成的，自己只是其中的一个因素而已，若无大家的支持、相应与合作，个人的作用是相当有限的。现在有很多人已有这样的认知，但心里依旧认为自己投注的财力、体力、心力、时间是最大的因素，心想："如果没有我怎可能成功？"在现实社会中，这是正常的想法，不过与回向的道理不甚相应。

做为菩萨行者，要懂得回向，要相信自己所有的一切，都是属于大家共同的成就，因有众人才有个人的成就，因此要心存感谢。例如今晚大家慈悲来听讲，我才有演讲的因缘，所以我当感谢各位的功德成就；站在你们诸位听众菩萨的立场，也当感谢今晚的演讲因缘。这就是回向。

"随其回向则有方便"，这是说知道大家有如此大的功德于自己，自己当然要赶快以种种方便来回馈大家；众生帮助了我，我也要帮助众生，相互感恩、彼此回馈。

"随其方便则成就众生，随成就众生则佛土净"，这是说，既能够以种种方便法门广度众生，就能成就众生，亦即能成全大众的意思。我们法鼓山的精神，便是"奉献我们自己，成就社会大众"，那就是成就众生的意思。以我们自己的财力、体力、智慧等任何一种力量，来成就社会大众，成就了社会，我们自己也一定是水涨船高，随着成长。所以菩萨一定要努力成就众生，成就众生之后佛国才会出现，假如不成就众生，众生不能成为菩萨，更不能成佛。必须要让其他的众生成了菩萨，与你生活在同一个环境里，你才可能成为佛。佛是从菩萨之中产生，菩萨则是由众生之中产生，离开众生无菩萨，离开菩萨没有佛。佛土一定经由成就众生而产生，所以成就众生才能成就佛土。

"随佛土净则说法净"，这是说净土在心中出现了才能体验到正确的、纯粹的大乘佛法。说法净有三义：1.是说纯粹的大乘佛法，不说世间的烦恼污染法，也不说小乘法。2.是不管说任何法，从哪一点说法，最后都归集于大乘佛法。3.是以清净的无染着心说法。

像我现在说的佛法，有的是从人的立场讲，有的是从天的立场讲，有的则是从小乘的立场讲，但目标都是指向佛的层次，不是讲人间法就止于人间；讲天人法就拘限在天的境界；讲二乘就止于声闻缘觉；我们说法不可以有企图心执着心，便是说法净。

"随说法净则智慧净；随智慧净则其心净"，这是说，若能说法清净，必定能有无漏的智慧，也就是无我的智慧。有无漏无我的智慧出现，此心就是清净心，纯粹圆满的清净心就是佛心。心分为两部分：一是清净的，一是不清净的。以不清净的烦恼心见到的一切众生都是众生，说难听一点以狗眼看人，人也被狗看成了是狗；以清净的佛眼看人，人人都是佛，因此若能以清净的佛心，所看到的世间一切众生，都与诸佛平等无二。

"随其心净则一切功德净"，这是说，心得清净便无执着，故也不执功德，才是最大功德；"一切功德净"则超越了有功德及无功德的层次。能够达到清净无染的佛心境界，做一切功德而不以为有何功德。如果执着有功德，那一定是小功德不是无量功德，大功德是无可衡量，所以等于没有功德，那便是功德净。

以上经文中的"直心"、"深心"、"意调伏"，这三项是初机的智慧；"回向"、"方便"、"成就众生"、"佛土净"是无尽的福田。初机的智慧是开始学佛之后从佛法而得的智慧。到了"说法净"、"智慧净"、"心净"、"一切功德净"才是智慧的圆熟。

维摩诘语诸长者子，……"然汝等便发阿耨多罗三藐三菩提心，是即出家，是即具足。"
〈弟子品〉第三

赞叹在家受具足戒功德，能够发起无上菩提心者，即是最高的福慧大行，便与出家受具足戒的功德相等。

这三句经文是肯定发无上菩提心乃是最高的福慧大行，可以跟出家受具足戒之功德相比。依佛教的伦理次第而言，分为僧俗七众，以出家受比丘、比丘尼具足戒者有无上功德。《出家功德经》说：若人一日一夜，舍欲出家，持清净戒，就有无限的功德，二十劫中，常生天上，不堕三涂恶道，最后成独觉。更何况是终生出家受具足戒。出家能够报一切的恩德，因此有说"一子出家，九祖超生"。这是因为一个人出家是离欲而奉献，一方面不为自我求欲乐，一方面奉献自己的生命为自度度人，度一切众生离苦得乐，亦即是全心全力上求佛道、下化众生。上求佛道必须先将世俗的欲乐摆下来，才能担起修行菩萨道的责任，所以出家不是等闲事，乃是大丈夫事。

可是维摩诘居士在此告知诸位有德有才有地位的青年们另一种观点。他说："你们只要发阿耨多罗三藐三菩提心，就如同出家，如同受了具足戒。"阿耨多罗三藐三菩提心译成中文是无上正等正觉心，又叫无上正遍知觉心，简单地说就是发成佛的愿心，又叫发大菩提心。

能发大菩提心，就是发了成佛愿心的人，他就一定要从难行能行、难舍能舍、难忍能忍的菩萨学处做起。我们已经讲过佛是菩萨成的，菩萨是佛的弟子，也是成佛的基础，菩萨道的圆满，佛的果位自然出现，是故发阿耨多罗三藐三菩提心的人，一定是修菩萨道、行菩萨行的人，他们决定不会贪恋五欲，也决定不会毁坏净戒。所以等于出家受了具足戒。

真正舍欲出家的比丘、比丘尼们，也必定是非常精进努力的。出家人在养成阶段，就等于是一般人在读书的阶段；一般人读书毕了业是到社会上工作，为社会服务。出家人养成之后则是奉献自己成就众生。出家人在养成阶段是非常地单纯，生活上与其他的人及社会，往往有一段时间是隔离的，像我本人就曾经在山里住过六年的时间，目前我们农禅寺的新出家众虽与居士们有所接触，但仍先以出家心态及出家仪态的养成为主，负责接引众生的责任还是比较少。不过，我们是大乘佛法的出家众，求度出家的同时，也一定要发无上菩提心的。

发了菩提心的菩萨，一开始就无条件地奉献，为大众服务，因此发了无上菩提心的出家众，便是出家菩萨。

时维摩诘来谓我言："弥勒……实无发阿耨多罗三藐三菩提心者，亦无退者。"〈菩萨品〉第四

此又超越了对于无上菩提心的福慧功德之执着。

这意思是不要认为发了无上菩提心就是了不起，自己认为已发无上菩提心的人，如对于发愿成佛这桩事生起执着，就表示还没有超越还没有解脱。现在有一派外道说自己是古佛，又有一派说自己是伟大的菩萨化身，那很麻烦。我们只能说自己已在学佛修菩萨道，希望学习着诸佛菩萨的心行去做。更进一步的则要把自己是能成佛、将成佛、已经发愿成佛的执着心也要放下来。放下执着，精进修行。

我在指导弟子们修行时，经常勉励大家说："修行的过程就是目的。"只要站定脚跟认清方向，一步一个坑，步步为营向前走去，每走一步，都是修行成果。

唯有如此，才不会老是期待着成果，如果想着已经得到什么样的成果，那都是虚妄的幻觉、魔境。很多人走火入魔就是因求证、求悟、求功太急切了，不但不能成佛，反而入了魔道。

因此真正学佛修大行的人，一定要超越对佛的追求，放下求成佛道的执着，否则反会成为悟道的障碍。

四、修福修慧的轻重

善德白佛言："……忆念我昔自于父舍设大施会，供养一切沙门、婆罗门及诸外道、贫穷、下贱、孤独、乞人，期满七日。时维摩诘来入会中，谓我言：'长者子！夫大施会，不当如汝所设，当为法施之会，何用是财施会为？'……'法施会者，无前无后，一时供养一切众生是名法施之会。'……'谓以菩提起于慈心，以救众生起大悲心，以持正法起于喜心，以摄智慧行于舍心。''教化众生而起于空，不舍有为法而起无相，示现受生而起无作。'"〈菩萨品〉第四

这是以有相心，修财物施，为有漏福行；若以法施而入"空"、"无相"、"无作"的三解脱门，是无漏的福慧双修。

这一段经文是说释迦牟尼佛的大弟子中，有位长者子名叫善德，是位年轻的在家居士，他曾经在他父亲的家里设大施会，用财物、食物、日常用品等对一切的人做布施，包括出家人、外教的宗教师，还有穷人、社会地位低贱的人、无人照顾孤独的人，以及乞丐等等。这样的布施大会，满了七天之后，维摩诘居士来到布施大会中对长者子说："你用财物、食物、衣物等等来布施，尚不够好，你应该还有更好的东西用来布施，是什么呢？是用佛法来布施。像你已懂得佛法，也在修行佛法，应该不用财施而用法施，因为法施是无有前后的、是无限的，一时之中可以供养一切众生；财施则非常有限，在七天之中只有来到此处的人才能得到，而且前面已得过的后面就无法再得到了，用完之后就没有了；若用佛法布施他们，则是永远用不完的。"

法施是用慈悲喜舍四无量心，这是佛、大菩萨的大慈悲心、大欢喜心、大平等心，用五戒十善为基础，四圣谛八正道为原则，六度四摄为方便，摄化一切众生。

虽然用佛法布施众生，自己却不执着于有众生被布施；虽然有摄化众生之事实与现象，但在自己心中却是无我相、无人相、无众生相的；虽然度了众生而在心中实无一众生被度，这叫无相。

"示现受生而起无作"，意思是自己为了度众生而在众生之中出生入死，也如众生一样从母胎受生，到最后，肉体亦会死亡，但内心并不觉得自己是在生死之中受苦受难，从众生立场看他，现有生死相，他自己心中则是自由自在地在众生之中出生入死，等于不生不灭，无来无去。生死相，对他来讲并不妨碍涅槃境，无造作故，这叫无作。

若把布施的观念更深入地解释：一般把布施分为财布施、法布施、无畏布施的三类；另外还可加上随喜功德的心布施。财布施大家都晓得是用钱财、物品来帮助贫穷、疾病、急难、灾害等的人。这虽不容易，但尚可以多多少少，人人有力。

心布施是什么？心布施是我虽无力布施，但能随喜赞叹；我的心中祈愿众生皆离苦。一般宗教徒大都有这种心愿。譬如现在台湾闹水荒，大家都希望求雨，但这雨是为自己而求，不算是心布施；如果是非洲地区闹饥荒，我们在此祈祷愿他们那边不要闹干旱，能够五谷丰登，希望他们能得到足够的粮食，远离饥荒的灾难，不是为己求是为了众生祈求，这才是心布施。

心的力量有大有小，修行工夫愈深的人，心的力量愈强，修行工夫愈浅的人，心的力量愈小。但如果我们发了大愿心，祈愿一切众生都能永远离苦得乐；则因一切众生是无限的，永远的时间也是无限的，因此虽只是一个普通人，在一个时间能发这样的心，其愿心却是无限的。

用财物布施的数量、时间、范围，都极其有限，用佛法布施则可在时间上能够有永续的作用，可在空间上能有无限的伸展。例如今晚诸位听了佛法，回去以后身体力行，不论会不会用嘴巴说，你的行为和人格必能自然地影响到他人，不论你有没有说法，别人也会认为你听了《维摩经》，毕竟是不同。

当你的观念、态度、行为，由于闻法而改变了，与你生活在一起的人，或多或少无形中会受你影响，受了影响之后，可能对听闻佛法产生兴趣；一个人影响多人，多人影响，辗转影响，范围愈来愈广，人数愈来愈多。时间上不论个人自己的一生又一生，以及人类延续的一代又一代，影响下去，也是无限的。所以法布施是大布施。不过也请不要以为只要法布施，不需财布施。只是于财布施之外，更要用法布施，才是真正的福慧双修。

给人粮食固能救一时之饥，教人耕种方法则能助其
自力更生，转而济助他人，因此，救济很有功德；教育
的功德，犹重于物质的救济。

这是说明给人物质的财物，固然能够解救一时的贫
穷困境，终非根本之道，如能训练他们的头脑和双手，
则能助其自力更生，甚且还能转助他人，此乃我一向
所强调的：以教育达成关怀的目的，才是福慧双修的
佛法。

（一九九三年九月二十六日讲于台北市国父纪念馆）

第三讲 《维摩经》与净化人生

一、什么是人生

　　人生的意思很难解释，简单地说，就是人的生命、生活、生存，此三者之间是息息相关的。而人的生命究竟是什么？人的生活又是什么？人的生存与其他动物又有什么不同？且让我们讨论一下。

　　人与动物不同之处在于人有人心、有记忆、有思想、有分辨的能力、有感情、有理智、有知识、有学问，其他的动物只有求生的本能，若干高级动物虽有少许记忆及感情，却没有人类潜在的慈悲及智慧。因此在所有动物之中，要修行、愿成佛的是人，其他动物则不可能。相反地，从佛法的观点看，只有人既能造业，又能受报，其他动物，只能受报不能造业。所谓"善有善报，恶有恶报"，是因为人类有善恶好坏的分别心，知道自己是在做什么或做了什么？有行为就有回馈，因此造了业就会有果报。像我常举的例子说，老虎吃人是本能的平常心，人吃老虎是贪瞋等的烦恼心。平常心不会造业，虚妄执着的虚荣心就会造业了。因此人的生命过程是在一边受报，一边造业，其他动物的生命过程只为了受报。

人的生活是在做什么？一般以为有饭吃、有衣穿、有地方住，就可以生活了。其实不然，人的生活中有许多无关乎吃饭、穿衣、居住，而是属于心灵生活的问题，却主导着我们的身体也影响着我们的环境。

人的生存，除了饮食男女是与其他动物相同的本能之外，还有名誉、道德、伦理、责任等的观念。

人可以经由教育而影响其生命、生活、生存的现象，也可以由环境、生活背景，以及过去世带来的业报、因缘，而产生对自己或他人的不良影响，因此世间有许多人专门制造问题和困扰，为自己、为他人带来烦恼或麻烦，可以说那些都是人的行为，都是从他们的心灵活动产生出来的。

有的人可能一生中经常被人视为好人，突然有一个时段做了坏事，被人视为坏人了；有的人则可能对所有的人都很好，但对特定的某些人却很坏。故对于究竟谁是好人或坏人，便很难判断。所以我常这么说："人间没有坏人，只有偶尔有人动了坏念头，做了坏事。"坏事可以改，坏心可以变，如此净化的人生或人生的净化，方有其实现的可能性。人的可贵处就是有可能从坏变成好，从好变得更好。所以我们今天用《维摩经》的观点来讨论净化人生的问题。

二、净化的人生

"心常安住，无碍解脱，念定总持，辩才不断。"

"功德智慧，以修其心，相好严身，色像第一，舍诸世间，所有饰好。"〈佛国品〉第一

这两段经文的第一段，是讲的心，第二段讲的是身和心。不论是净化的人生或人生的净化，都得从人的身心净化做起。

刚才讲到人之所以为人，是因为人有人心，跟其他的众生不一样。每一个人在基本观念上都会希望成为一个受人尊重的人，也希望别人把自己当作好人，可是在心智混乱糊涂的时候，或在某种以自我中心的利益为前提的情况下，往往会放弃成为好人的念头，放弃受别人赞叹的意愿，而以"能流芳百世固然好，遗臭万年是不得已也"来自我搪塞，甚至根本不在乎流芳百世或遗臭万年，只要目前能得到想要的就好。因此，人心之所以有好坏与善恶之别，是受到业力的驱使，故有环境的影响以及各式各样的诱惑和刺激所致。

站在佛法的立场来讲，人如果能使此心安定，那就什么问题都不会发生。因此经文指示我们要"心常安住"，心住于不动，心便能不受环境的诱惑或威胁，不管环境如何地变，此心则是以不变应万变，在佛学上称之为"心不随境转"。更进一步还可以使得境随着心转，《维摩经》所说"心净国土净"，便是随着我们的心清净则所居的国土亦自然清净。

当我们心中无烦恼时，看这个世界即是和平的世界；当在心中充满了仇恨、愤怒的情况下，看这个世界则是疯狂混乱的。心常安住于平常状态就能无碍解脱，无碍解脱就是心无罣碍，你骂我、说我、毁谤我、诬蔑我，我都听得清清楚楚，但皆无碍于内心的安静。

有一位中国国民党的中央委员，在刚被选出之后来见我，他说此次选举他没拉票也没换票，会当选是因大家见他不讲话就给他一张同情票，当时他无得无失，打算能被选上很好，落选了就不当。结果拉票拉得凶的也当选，没拉票的也当选，究竟怎么样才对？就很难说了。我想以平常心拉票或以平常心不拉票都是对的，只要心中无罣无碍无得失，就是得解脱。

"念定总持，辩才不断"，所谓"念定"是我们的心念处于一种非常安定的情况下，便能包容一切、接受一切、涵盖一切；如果心不能安住，那是散乱的状态，这时看到、听到、嗅到、接触到的任何事物，都被这种散乱心所扭曲尚不自知。心念若安定，不论接物待人皆能随缘应对恰到好处，能够统理全局，把握整体，成为辩才不断的法师。

辩才不断，即是无我无碍的辩才，它的形成是由于不预设立场，亦即随时随地以对方的立场为主，不以自我的立场为立场。一个辩论家如执着有自己的论点、自己的观念，到最后一定会输。所以释迦牟尼佛告诉我们，辩论不是最好的办法，立论虽有其必要，但是最高明的辩论则是无言胜有言。那就可能达到辩才无碍了。

"功德智慧，以修其心"，这是说，修诸功德及智慧，目的皆为修心。而以无我心做一切事是大功德；以众生的立场为众生做一切事，就是智慧的功德。如何能有功德、有智慧呢？《维摩经》告诉我们，要以六度法门修其心、严其身，不要用世间的种种虚荣满足自己的心，不要用高贵的衣服珍宝来装饰自己的身体。

威仪和礼仪可分三大项目：心仪、身仪、口仪。心仪是有清净心、有恳切心、有真诚心，这样的人讲的话，必能使人心悦诚服。不要怀疑别人、否定别人，而用标榜自己来肯定自己。如果一切作为只是为了自己的利益，接触多了人家自不会喜欢他；有的人则是沉默寡言，不善辞令，但以真诚恳切的心待人，倒是能够赢得他人的信赖。这就是威仪和礼仪的功德智慧。

我有一些皈依弟子，在开始做法鼓山劝募会员时，总觉得他们自己不善辞令，大概找不到护持会员，也募不到款。我说："如果会讲话是花言巧语，你愈讲人家愈怕你，认为你是骗子；如果不会讲话而能诚诚恳恳地与他人接触，人家便会相信你，会把净资自动送给你。"这就是修心的功德智慧。

"相好严身"就是佛以三十二相八十种随形好庄严身体，凡夫众生没有那样的相好，当于一举手一投足的待人接物，都要亲切有礼。懂礼貌的人应见了人最好能叫出对方的名字，至少也应该记得对方面孔，见面时以欢喜心、恭敬心，合掌问讯，再念一句："阿弥陀佛！"这种礼节，会使人感到欢喜，愿意跟你亲近。所以，礼仪就代表着相好。

每一个人都能从面部的表情及身体的动作，通过威仪礼貌，让人觉得你是一位相好庄严的修行者。这在"身仪"方面，可包含坐、立、行动、举手投足、低头合掌等的姿势，与人同行时、出入电梯时、上下汽车时的先后顺序等等。万一不曾受过礼仪训练也勿自卑，但要谦虚诚实；待人一定要亲切和善，乃是非常重要的一件事。

在口仪方面，跟人讲话时最好不用粗俗语、流俗语、低俗语，常带客气的敬语和尊敬，譬如尊称对方某某居士、某某菩萨、某某法师，是尊敬的称呼。跟自己的同门信众之间宜互相称呼师兄师姐；对于尚未皈依三宝的人士，宜称呼他们先生女士，对年长的称呼老先生、老太太，或称呼伯伯、叔叔、阿姨也很好。

菩萨不需要用世间的虚荣来装潢门面，也不用以珠光宝气、穿金戴银，把自己打扮得花花绿绿、庸俗不堪。就像绣花枕头，外表很漂亮，里面全是棉絮草包；至于内在的充实，除了知识学问的修养，更重要的是有诚恳心，对人要谦让恭敬，要有恰到好处、适如其分的礼貌。这就是一种庄严，所以人的净化是从心的行为净化起，再从身体和语言的行为表现出来净化人间。

"不著世间如莲华，常善入于空寂行，达诸法相无罣碍，稽首如空无所依。"〈佛国品〉第一

此文是说，菩萨的心，不受世间染，犹如莲花不受污泥染；经常处于空寂的心境，对于一切现象已能不被罣碍；礼敬亦是如空，无所依赖。

菩萨住于世间，而能不为色、声、香、味、触等的五欲所扰乱，就好像莲花从污泥里面生长出来，其在水面上所开的花是纤尘不染的。

菩萨在五欲世界广度众生，自身不享受五欲，也不

为五欲困扰，虽然为了度众生而在世间受苦受难，但其心境则经常住于空无所依的寂灭状态，认为所受所做等于没有受没有做。受尽苦难折磨，等于没有发生任何事情。因为是为众生受苦难，不是因为自己的业报而受，所以等于没有受报。

"达诸法相无罣碍"，"诸法相"是指世间的每一种现象，包括生理现象、心理现象、物质现象、社会现象、自然现象，任何一种现象都是从空而有、从有到空，即空即有、非空非有。能够了知如此一切现象，而不为任何现象难倒困住，便称为无罣碍。

凡夫所见的一切现象，认为是有的，小乘罗汉所见的一切现象是空的，而菩萨看一切现象是即空即有、非空非有。因他自己不需要这些东西，所以是空；众生还在这些东西的环境之中，所以是有。因此用有来达到空的目标，以空的体验来帮助有的众生，这就是即空即有、非空非有的无罣碍心。

"稽首如空无所依"，"稽首"是顶礼的意思，顶礼即空即有、非空非有的三宝。如空的三宝在此处主要是指"法"，意思是对如空的佛、法、僧，要非常恭敬地礼拜赞叹，但也不把它当成是自己所依所靠的执着物。

一般人皈依三宝，是要依靠三宝来修行的，解脱自在的菩萨则是用佛法广度众生，不以佛法做为自己的依靠，因为已经没有我了，还有什么需要依靠佛法的？一般人为了自利极需仰赖佛法，大菩萨是用佛法利益众生，不为自利，因已无我，无须佛法做为自利之依靠，所以叫作"无所依"。

　　"十善是菩萨净土，菩萨成佛时，命不中夭、大富、梵行、所言诚谛、常以软语、眷属不离、善和诤讼、言必饶益、不嫉、不恚、正见众生来生其国。"〈佛国品〉第一

这段经文是说，菩萨在度众生的过程中，以十善法来化度众生，所有被他教化的众生用十善法做为生活的、生存的、生命的方式和运作。当在菩萨成佛之时，这些众生都已成就了十善的功德，而到菩萨的净土与他一块儿生活。

《维摩经》此处所说的十善，与平常的五戒十善的十善法略异，一般所说十善法：是不杀、不盗、不邪

淫、不妄言、不绮语、不两舌、不恶口、不贪欲、不瞋
恚、不邪见（愚痴）。《维摩经》则从更积极的角度，
另立如下十项善法的名称：

（一）命不中夭：未成年而死叫夭；不中夭是说
在儿童乃至青少年时期不会死亡，至少到成年以后才
会死，因是菩萨身所以不会短命，此是不杀生的善业
果报。

（二）大富：不偷盗，所以有大富贵。

（三）梵行：不邪淫，能守禁戒，没有男女欲事。

（四）所言诚谛：不妄语、不说谎。

（五）常以软语：不恶口、不骂人。

（六）眷属不离、善和诤讼：不两舌、不搬弄
是非，所以眷属不会分离，有诉讼斗争的时候很容易
解决。

（七）言必饶益：不说无意义的话，所说必有益
众生。

（八）不嫉：不妒嫉人。

（九）不恚：不瞋恨人。

（一〇）正见：没有邪见，信因果明因缘。正见是
了知人一定有过去和未来，天天生活在变动中，一切因

缘随时有散、有聚、有合、有离。深信因果，明了因缘，不落常见与断见；常见是认为生命是永恒的，相信有一个至高的神，是唯一而且永恒的；断见是认为人死如灯灭，人生如幻泡。

"虽为白衣，奉持沙门清净律行；虽处居家，不著三界；示有妻子，常修梵行；现有眷属，常乐远离；虽服宝饰，而以相好严身；虽复饮食，而以禅悦为味。"〈方便品〉第二

这段经文是说，一个净化的人生，除了修十善法之外，还应学习得像维摩诘菩萨一样，做一个入世而不染于欲乐的梵行居士。十善是普通的居士所应修持，对一个真正修菩萨行的居士则更应学习维摩诘菩萨的言行。那就是虽身为一个居士，却能遵守出家比丘的清净律仪；虽居住于俗人的家庭，但生活得像出家人一样地简朴清净；虽是居士身分，对欲界、色界、无色界的欲乐和禅定，都不贪恋染着；虽示现有妻有子，实际上经常在修离欲的梵行，绝不沾染男女的欲事；虽有家属、亲属、部属，却常喜欢与他们在俗情方面保持距离。对

居士而言，有时为了参加某些场合的应酬，必须依规定而做适当的打扮，却不是为了炫耀自己的财富和地位。维摩诘菩萨也有因需要而打扮，但他的威仪比一般人高贵，所以他是用律仪的相好来庄严身相。相好是指人的威仪、礼仪，而非指刻意的妆扮。一个人的相貌与他内在的修养息息相关，所谓相由心生，心中的状态，自然地会反映在脸上的表情。在饮食方面，只要有肉体，必定会像凡人一样地，需要吃喝，但不以普通人的饮食为满足口腹之欲，而是以心中的禅悦为滋养法身慧命的主要饮食。禅是智慧与慈悲的总合，以智慧处理自己的事，以慈悲处理他人的事；心中经常保持平常心，有安定感，叫禅悦。肚子饥渴的时候会想到饮食，胃中消化完毕，又会感到饥渴；禅悦充满之后的菩萨行者，则在精神上经常觉得很饱满而不虞匮乏。有一种人是财势中饿鬼、权力中饿鬼、名位中饿鬼、男女欲事中饿鬼，贪得无厌，永远没有满足之时，如有禅悦，则可使你经常满足。

三、观身非实净化人生

维摩诘言："……众生病从四大起，以其有病是故我病。"〈文殊师利问疾品〉第五

这两句经文，是说众生的诸病，是起于四大和合而成的业报身，由于众生尚在被诸病苦折磨之中，我维摩诘进入众生群中，也示现了病相。

"四大"是组成我们身体的元素，那便是地、水、火、风。如果四大不调，身体就会有病。地是身体内的骨骼、肌肉、神经、经络、血管、毛发、牙齿、皮肤、指甲等，地也含各种维生素；水是血液及脂、泪、唾、汗、尿等各种分泌腺；火是热度体温；风是呼吸空气。其中任何一大失去平衡，身体便会生病；因为以四大为身，就不可能没有病。任何一个人，希望四大完全调和的可能性不多，只有程度的或多或少罢了。所以人的身体生出来时就带着病，人的心灵则在未生之前就有病，把多生累劫的业障病带到这一生来。

维摩诘菩萨本已得大解脱，为了慈悲度众生，所以出生于印度的毘耶离城，也示现有病，而发起了这场问

疾说法的大法会，来净化人心、净化人生。

维摩诘因以身疾，广为说法："诸仁者！是
身无常、无强、无力、无坚、速朽之法，不可
信也。为苦为恼、众病所集。诸仁者！如此
身，明智者所不怙。"〈方便品〉第二

这段经文是维摩诘菩萨以善方便，居毗耶离城，为
度众生而示有身体，因有身体而现出有病，也可直接
说，因有众生所以有病。维摩诘菩萨以他自身有病的样
子来告诉大家，身体是无常的，经常在变化的；身体是
非常地脆弱，随时随地都可能死亡；身体是无力的，人
的体能非常有限；身体是不实在的，出生之后，便不断
地迈向老、病、死亡。所以明智之士，要知道身体是很
不可靠的、是不足依怙的，宜提高警惕心，珍惜它、善
待它、善用它。

年轻人身健力壮时，可能不顾一切地糟蹋身体，转
眼之间一过中年，百病缠身，即使还能过日子，也是在
很快地老朽退化。我记得自己还很年少，怎么一下子已
经是六十四岁了，真是想不到呀！诸位年轻人，你们别

高兴得太早，很快就会跟上我这把年纪的。无常带给我
们无限的苦恼，但只要是有智慧的人，就不会把这个身
体的问题当作是不得了的事。

　　"是身如浮云，须臾变灭；是身如电，念念
　　不住；是身无主为如地，是身无我为如火，是
　　身无寿为如风，是身无人为如水，是身不实，
　　四大为家。"〈方便品〉第二

　　我们的身体看似坚实，其实就像天上的浮云经常在
变化，刹那间即变幻无常；身体的细胞经过不断地新陈
代谢，很快地汰旧换新；身体要饮食要洗澡要排泄，直
到老死为止，随时都在变易；身体的组织念念不断，分
分秒秒有如闪电般快速地变动着；身体本身没有主人，
身体上每样东西都是取之于地球，归还于地球。吃的喝
的穿的用的，无一不是拜大地、大自然所赐。地、水、
火、风，都来自大自然，复还大自然，因此经文要说，
身体无主、无我、无寿、无人，乃因如地、如火、如
风、如水。身体以四大为家，身体不实，四大假合，回
归四大。这便是你我和他大家拥有的身体。

"是身不净，秽恶充满；是身为虚伪，虽假以澡浴、衣食，必归磨灭；是身为灾，百一病恼。"〈方便品〉第二

这段经文是说，我人生命所寄的身体，是秽恶不净的、是虚幻不实的，尽管给它清洗、给它衣食，终究也会消失，在身体尚未消失之前，它却是百病丛集的渊薮。

一般人没办法一下子就肯定自己的身体是不干净的，所以应修习观想。例如每天早上起床之后要刷牙、洗脸，晚上上床之前要漱口、洗澡、洗脚、换衣服，这已表示身体是不干净的。漱口之后不大可能把漱口的水吞下去，吃进的东西也会成为大便、小便等秽物排泄出来，目前虽然有人主张以喝自己的小便治百病，但也并非把小便当成是干净的，就更遑论是大便了，这些在在表示身体是不洁净的。人类有身体就会遇到灾难，如没有身体，虽有烈火、洪水、飓风、地震等自然现象，也没有被伤害的对象了。

至于"百一病恼"的意思，是说四大之中的任何一大有所增损不调，便可能有一百零一种疾病生起。四大

不调则共有四百零四病生也。地大生黄病，水大生痰病，火大生热病，风大生风病，各有一百零一种病。

"诸仁者，此可患厌，当乐佛身。所以者何？佛身者即法身也，从无量功德智慧生。从戒、定、慧、解脱、解脱知见生。"〈方便品〉第二

这段经文是说，我们的血肉之身是可厌的，最好是换成佛身；佛身就是法身，法身是无量的功德智慧身，那就是戒、定、慧、解脱、解脱知见的五分功德法身，才是真正最好的身体。

佛的身体共有三种：化身、报身、法身。

佛的化身，是指例如两千六百多年前出生在印度的释迦牟尼佛，是为了我们这个世界的众生而应化投胎成为人，在人间成佛，此身虽比人间的凡夫长得更庄严些，传说中有三十二种大人相，但是人的生、老、病、死等问题他照样都有，凡夫也仅能看得到佛的应化身。

佛的报身，是天色身，像大梵天王那样美好的身体，不会有臭秽、疾病、饥饿等种种问题，不会有人间

的寒、热、水、火、风、震等灾难降临。

佛的法身，不是一种有形的东西，而是由功德智慧所成，是指持戒的功德、修定的功德、修智慧的功德、解脱的功德、解脱知见的功德等所成，名为法身。

佛的法身，虽不是凡夫的肉眼所能看见，却是任何人都有可能以自己的身心行为来体现，凡是能够持戒、修定、修智慧、明解脱而心向解脱、助人解脱的人，便是实际表现了法身功德。也可以说，凡是能净化人生、净化身心的人，便是法身功德的显现。

维摩诘言："说身无常，不说厌离于身；说身有苦，不说乐于涅槃；说身无我，而说教导众生；说身空寂，不说毕竟寂灭。……以己之疾，愍于彼疾，当识宿世无数劫苦，当念饶益一切众生。"〈文殊师利问疾品〉第五

这段经文，描述伟大菩萨的人生观。维摩诘菩萨告诉我们说，肉体的色身是无常的，但也不可厌离这个身体，因为法身的功德，尚需要借人间的色身来修行。一切众生中，唯得人身，始能够修行，所以佛说"人身

难得"。

虽然色身的存在，会为我们带来种种的苦难，但也不可因此而去赶快住于涅槃；苦的原因，不在于是否有色身，乃在于是否有烦恼。故在释迦牟尼佛成道以后，魔王恐惧会有众生闻法悟道，故劝佛陀："你已成佛，世间多苦，你已出离，你就赶快涅槃吧！"魔王如此说是害怕魔子魔民也跟着学佛，不仅自私，也是太不慈悲了。因此大梵天王就来代替众生向佛请法："世尊您已成佛，不能赶快涅槃，很多众生需要您说法。"因此菩萨虽知此色身不若法身，但也不说乐于涅槃，仍是一生又一生地广度众生。

虽说此一色身是四大假合，并不是我，但却知道，色身不是我，众生还存在，仍得借用此色身的生命，来教导众生离苦得乐的佛法，教导众生如何来净化人生、净化身心。

虽说四大假合的身体，是空非实，但也不说毕竟寂灭才是真实的佛身。前面已讲空的意思，必须是非空非有、即空即有的空，才是真正的空，不是空掉色身以后就不需色身了，执色身为我是烦恼，借色身修行，便见佛身现前。

以自己有病之身，体验害病的滋味，设身处地，来怜悯众生的疾病，便是菩萨的慈悲。菩萨因了解自己，从过去无量数劫来，也曾受过种种苦难，故能体会众生所受的苦难，而用佛法利益一切众生，使众生皆能提升各自的品德，净化身心，离苦得乐。

四、享用法乐净化人生

> 尔时维摩诘语诸女言：“……汝等已发道意（发起无上菩提心），有法乐可以自娱，不应复乐五欲乐也。”〈菩萨品〉第四

根据经文，因有天魔波旬率领一万二千魔女来扰乱持世菩萨，被维摩诘从旁说破，波旬即自行离去而舍众魔女于现场，听维摩诘说法，维摩诘菩萨称她们为诸天女，告诉她们：“你们在闻法之后，已发无上菩提道心，已有法乐可以自娱，不应再沉湎于五欲之乐了。”修学佛法，便能法喜充满，五欲之乐是刺激的享受，法喜之乐是慈悲、禅定与智慧的清净与解脱。

天女即问："何谓法乐？"答言："乐常信佛，乐欲听法，乐供养众，乐离五欲，乐观五阴如怨贼，乐观四大如毒蛇。……乐随护道意，乐饶益众生，乐敬养师，乐广行施，乐坚持戒，乐忍辱柔和，乐勤集善根，乐禅定不乱，乐离垢明慧。……乐断诸烦恼，乐净佛国土。……乐近同学，乐于非同学中心无恚碍。"〈菩萨品〉第四

这段经文，有五层意思：

（一）教诫那些天女，在信佛、闻法、供僧而为三宝弟子之后，应当远离五欲之乐的贪恋；知道佛法之后，晓得五欲之乐是非常危脆，五欲虽可爱，但在五欲享受之后，接下的便是苦的果报。所以不宜享受五欲之乐，应当享受修学佛法的法乐。

（二）是为了维护、增长道心，必须要利益众生、敬养师长。

（三）要修行布施、持戒、忍辱、精进、禅定、智慧的六度法门。在前面已曾讲过，六度包含万行，即是修行一切菩萨道的法门，那便是发菩提心、成就佛道的法门。

（四）要乐于修行断除一切烦恼的法门，要乐于修行庄严佛国净土的一切功德愿行。

（五）乐于亲近同修菩萨道的善友知识，同时对于不是修行菩萨道的一般人，也不要把他们当成是一种障碍，应该要以平常心跟他们相处；换言之，菩萨道的修行者，须以平等心看待佛教徒和非佛教徒。

五、消融烦恼净化人生

（文殊师利菩萨）又问："诸佛解脱当于何求？"答曰："当于一切众生心行中求。"
〈文殊师利问疾品〉第五

诸佛当然是已得解脱，但在尚未解脱之前的因中，修行菩萨道时，为求大解脱的佛法，必须发愿度众生，故说要得解脱，须向一切众生的心行中求。解脱与烦恼的束缚是相对的，心中有烦恼，便等于是有疾病。佛法教我们解除烦恼，不仅修智慧，还要修慈悲，以智慧除烦恼，用慈悲度众生；智慧一定要跟慈悲同时并行，才是菩萨成佛的双轮两翼。所以诸佛得解脱是从救度众生中去做的。

"一切众生心行"，就是众生的烦恼现象。这句话有二层意思：1.是菩萨为了度烦恼的众生，自己也表现得跟众生一样的有烦恼，才得以接近烦恼的众生，再去度化众生。2.是菩萨自身没有烦恼，是为协助众生消灭烦恼，而生存、生活于众生之中。这便是诸佛得解脱的原因。

文殊师利言："居士，有疾菩萨云何调伏其心？"维摩诘言："有疾菩萨应作是念：今我此病，皆从前世妄想颠倒诸烦恼生，无有实法，谁受病者！所以者何？四大合故，假名为身，四大无主，身亦无我。又此病起，皆由著我，是故于我不应生著。既知病本，即除我想及众生想，当起法想。……又此法者，各不相知，起时不言我起，灭时不言我灭。……此法想者，亦是颠倒；颠倒者，即是大患，我应离之。云何为离？离我我所。"〈文殊师利问疾品〉第五

　　这段经文，看来非常难懂，其实如已懂得《金刚经》讲的"降伏其心"，即与此经的"调伏其心"相同。调伏烦恼心、对治烦恼心，就是降伏众生的心病。

　　维摩诘菩萨说，菩萨所害的病与众生所害的病是相同的，都是从过去世的妄想颠倒而生种种烦恼疾病，这种病并无实法，可惜众生无知，于虚妄的五蕴法，起颠倒想，以无常为常，以苦为乐，把无我当成我，以不净当成净，因此产生种种的烦恼，造成有我的诸病。

　　若知四大无主，四大所成的肉体生命亦无有我，执着有我，便有病，不生我想及众生想，病本即除。这就是佛法，而此佛法既无我想及众生想，起作用时，不言我起作用，作用寂灭时，也不言我寂灭了。如果执着佛法而起法想，也是颠倒，也生大患，唯有离我及离我所，疾病即除。

　　不要把不净的四大之身当成是清净的实法；不要把四大假合的身体当成真实的"我"；不要把身体的享受当成永久的快乐；不要误认身体永远不死；也不要误以为有一个永续的灵魂，否则就在此四种颠倒妄想之中而有种种烦恼，哪能不病！

六、解脱生死净化人生

维摩诘（答文殊师利之问）言："菩萨于生死畏中，当依如来功德之力。……当住度脱一切众生。……欲度众生，除其烦恼。……当行正念。……不善不生，善法不灭。"

又问："善不善孰为本？"答曰："身为本。"又问："身孰为本？"答曰："欲贪为本。"又问："欲贪孰为本？"答曰："虚妄分别为本。"又问："虚妄分别孰为本？……无住孰为本？"答曰："无住则无本。"〈观众生品〉第七

人生到了这段经文所说的境界，是很不容易的，这是在为人生应如何净化做总结。人生是活动在生与死之间，离开了生与死就谈不上有人生。对于生死的看法，凡夫贪生怕死；二乘厌离生死，逃避生死；菩萨则是在生死中而不畏生死，自由于生死。因此"菩萨于生死畏中，当依如来功德之力"。如来功德就是前面说过的戒、定、慧、解脱、解脱知见的法身功德，依靠这些力

量就不会害怕生死，为度众生而在生死之中来来去去，自由出入。

经文"当住度脱一切众生"之意，就是住在生死之中，度脱一切众生，这是伟大的菩萨行者。如果是贪恋生死、厌离生死，都不是大乘的菩萨精神，当然也不是求成佛道的心行。

经文"欲度众生，除其烦恼"的意思，是要除去自己的烦恼，也要协助众生除去烦恼，那么就要修学菩萨行来除烦恼了。

要除烦恼就要守持正念，若修观想的方法、参禅的方法、持诵的方法等，若正念相继，或净念相继，便能得三昧了，便能进入《维摩经》的不二法门了。

如是一心念佛、念法、念僧，或是念观世音菩萨的圣号，或是专修任何一种菩萨法门，就是行的正念。

正念的工夫绵密，则要做到"不善不生，善法不灭"。善法即是正念，也是日常生活中的十善法。不善与善，也可配合四正勤来修行：未生之恶令不起，已生之恶当断除；未生之善令生起，已生之善令增长。这些都是以心为主导，以身体为根本。初是为善去恶，终则超越善不善法。

因为身体原是依贪欲而生，因贪欲而有身体的果报。贪欲是以虚妄分别的执着心为本；虚妄分别的执着心是以颠倒妄想为本；颠倒妄想本来就是不存在的，若知如此，虚妄分别也没有着力点了，那就是"无住"。

总而言之，人生是虚妄有而真实无，若能体验到这个真理，假有妄有的人生，正好就是佛的法身。若无虚妄的人生，不需要说佛的三身，也不用诸佛菩萨来度化众生了。

我们要从人的层次提升到佛的层次，须经过净化人生的阶段，须用人的身体来修学佛法，广度众生，修福修慧，多结人缘，这是净化人生的原则。有了净化的人生，才有净化的社会和净化的世界。祝愿人类幸福、众生幸福。

（一九九三年九月二十七日讲于台北市国父纪念馆）

第四讲 《维摩经》与心灵环保

一、心净即国土净

第四讲的主题是"心灵环保"，这虽是一个很新的名词，但在二千五百多年前世尊所讲的佛法，已无一不与心灵环保有关。今晚是从"心的清净"这个着眼点来讲佛法，介绍《维摩经》中所说的心灵环保。

心的清净，关系到心灵的净化以及心灵环境的卫生，其实就是相当于心理健康，或说是心理卫生。一般人不是认为心在身内，就是认为心不在身内。从佛法来讲，心既不在身内，亦不在身外，也不在中间。意思是说，内在的心，不即环境不离环境，它是整个的，也可说它就涵盖了内在和外在的环境，是不二法门。因此，讲心灵环保要比一般的心理健康和心理卫生，更为深广。

我从《维摩经》中摘录出来的各句经文，看似彼此不相关联，其实是相互呼应的，是针对这个主题所摘录出来的。现在就进行对于经文的讲解：

"目净修广如青莲，心净已度诸禅定。"
〈佛国品〉第一

在印度的莲花，有青黄赤白紫等各种颜色，最上品的便是青莲花。一般人都说眼睛是灵魂之窗，也是代表着智慧。眼睛清净的话，就像一朵青色的莲花。"目净修广"，形容眼睛的相好，是三十二种大人相中的一种好相，这种眼睛并不像龙的眼，而是像大象的眼睛。修广的修是长的意思，广是宽的意思，这一句是形容眼睛，看起来就像青色莲花瓣一般地美。这种相好，唯有佛以及印度传说中的转轮圣王才会具备。这样的眼睛，也表达出内心的宁静。

"心净已度诸禅定"，诸禅定是指四禅八定，乃至九次第定及如来禅定。如果心已完全清净，就等于是完成了世出世间大小三乘的一切禅修功能。心一旦清净，便能不受环境的污染和困扰，即是进入禅定。我们常说某人定力已深，其实不一定打坐时，才能表现定力。当一个人面对会让自己心跳及发怒的情境，却能够不心跳、不发怒，就表示这个人有定力，其心不受干扰，这就是心的清净。

"深入缘起，断诸邪见，有无二边，无复余习。"〈佛国品〉第一

"缘起"是说任何一样东西的产生，都不是单独的、偶然的、突发的，而是必有其前因后果，以及许多因素的配合才得以完成的。如果能知道世界的一切现象，都是因缘所生，就一定能断除执常、执断、执权威、执虚无等的偏见邪见。

邪见又称为常见或断见。执常执断，称为"二边"，"常见"者认为世间的一切是永恒的，本来就具有且永远存在的。一切的现象皆由它创造而离不开它，一切的现象亦是被它所破坏而毁灭。但是它本身却永不受破坏、毁灭，"它"是什么东西呢？可以叫它是神，是上帝的权威，也可叫它是理，或真理。

常见的另外一个解释，是说我们的灵魂，是不灭的，是永远存在的。灵魂随着我们这一生的出世而来，随着逝世而到另外一个世界去，或生天国或下地狱或重新回到人间等处。环境在变、现象在变，而灵魂不变，这叫灵魂不灭。很多人认为这种见解就是佛教，这是错误的，佛教不承认有一个永恒不变的灵魂存在。佛教对于生命持续于生死之间的主体，称为"神识"，更正确的是叫作"业识"，随着造业的性质，便改变受报的质能，不断地造业受报，业因不同，业果也变，所以是无常、非常的。

综合上述常见，有两种解释：一种是认为有一个第一因是为真理、上帝、神，另一种是以为灵魂不灭。这二种信仰，均非佛教的观点。佛教讲缘起，是指一切的现象都是因缘生、因缘灭。有因缘的关系，前因与后果连续下来，成了因果的关系。在空间上的组成叫因缘，在时间上的连贯叫因果。用这二点来看，就会否定了常见在哲学上或宗教上的看法。

至于"断见"，是说人在出生之前是没有什么的，既无物质的肉体，也无精神的灵魂，死亡之后也不会有任何灵魂留在世间。人生存在于天地之间，除了身心的活动，没有灵魂，也没有神鬼。是人自己疑心所致而疑神疑鬼，内在的灵魂不存在，鬼神也不是实有其物，这叫作"断灭论"，又叫作唯物论的"无神论"。他们相信，宇宙人生只有物质现象的互动关系，否定神鬼、灵体等精神的存在。"断"是空前绝后，没有过去世，也没有未来世，生命的现象只有眼前的一世，人生如灯燃，人死如灯灭。此种唯物论者，不信有个人的三世因果，不能为人生带来后续的安慰和警惕。

"断"和"常"的见解，在佛法上称为邪见，因为常见违背缘起论，断见违背因果律；这二种见解也被称为"边见"，一是极右，一是极左，右是常，左是断，而凡是执持极端，都会为人间带来迷离和灾难。然而不执二道而执中间叫作中庸，在佛法上也是不成立的，佛教不讲中庸之道，因为那会造成骑墙式的调和论，故而偏左偏右都不好，执中的调和比较好，但执中庸之道，还是一种执着，而且兼顾两边放不下来。在佛法来说，不执二边，也没有中间，才是正确的中道观念。

"无复余习"，是说没有余留下任何的习气，乃至微细的烦恼也不存在。唯有能够深入缘起性空的佛，才能断除一切的烦恼余习。例如《大智度论》卷二云，二乘的阿罗汉与辟支佛"虽破三毒，气分不尽。……佛三毒永尽无余"。

"直心是菩萨净土，菩萨成佛时，不谄众生来生其国。"〈佛国品〉第一

"直心是道场，无虚假故。"〈菩萨品〉第四

《维摩经》中有两处讲到"直心"这个名词。"直心"的意思是什么？

昨天有一个在家弟子，写了一篇修行的报告给我，他说他是一个直心肠的人，是快言快语、直话直说的人，因此常存好心说好话却得罪人，不但伤了别人，也令自己觉得窝囊。请问诸位，这是我们现在要谈的"直心"吗？不，心直口快不等于是直心。心直口快是说话不经大脑，没有深思熟虑，因此会说出不得体的话语。这里谈的直心，是指心中没有一定要表现的意见，没有自我的成见。没有要表达什么，只是随缘应化，随机摄化。

这个"直心",粗浅者可以用脑波器来测量,脑波在思考时会波动,情绪激动时,脑波的波动更是非常明显。直心的脑波是平静的,成一直线进行。当我们没有情绪的起伏和烦恼时,脑波便是平稳、平静、平顺的。

从修行的体验而言,当心中无我、无烦恼时,是非常平静、非常清明的,在这样的情况下,就像是住于菩萨净土。

在这种境界的菩萨成佛时,生在他的国土里的一切众生,都不会向人阿谀谄媚,也不会对人阳奉阴违,该处的一切众生,都是直心的菩萨。此在《楞严经》卷一,也云:"十方如来,同一道故,出离生死,皆以直心。"《注维摩诘经》卷一云:"肇曰:……直心者,谓质直无谄,此心乃是万行之本。……什曰:直心诚实心也;发心之始,始于诚实。"

反观我们这个世界的众生,多的是表面奉承,言不由衷,只是为满足一己之目的和企图,为达私利而不惜巧言令色。"道场"在密宗称作曼荼罗,叫作坛城。例如《师子庄严王菩萨请问经》云:"道场之处当作方坛,名曼荼罗,广狭随时。"很多人认为设一个佛堂,有佛像就叫道场,所以寺院就是道场;也有人说,找一个蒲团坐下来打坐修行的地方，就是道场。其实不一定，严格来说，佛成道处名为道场；菩萨以直心故成就佛道，故说直心是道场。后来的人将供养佛像处，称为道场。《注维摩诘经》卷四则云："肇曰：闲宴修道之处，谓之道场也。"

《维摩经》中说，如果我们的心是质直的，心中诚质无谄，就是在道场中，道场就在其心中。心中有道场时，心外也就无处不是道场了。诸位坐在这里听讲，此刻诸位心中若有道场，那么这个演讲所在的国父纪念馆就是道场了。要努力去学习直心，便能体会到道场不在心外。

经文所指的"无虚假故"，是说不虚伪、不虚假，也是诚实无欺的意思。佛法说一切都是虚幻的，可是修道的心，则要诚实恳切，这就是道场。若一句句都是夸赞美妙动听的话，背后用心却是自私自利，有所企图，那便是虚假的。如果自己能够直心，也会影响他人直心，成佛时也唯与直心相应的众生来生到自己的佛国净土。

"若菩萨欲得净土，当净其心。随其心净，

则佛土净。"〈佛国品〉第一

这两句话，非常重要。此处的菩萨，指的是初发心的菩萨，是发了阿耨多罗三藐三菩提心的人。初发心的菩萨，还在娑婆世界，还在秽土之中。我们若想求得净土，应当先自净心，而非先要心外的这个世界清净，由自我的内心清净做起之后，自然能够影响环境，使得他人也得清净。

一般人都是向外要求，要求外在环境及他人，改变成他所希望的那样。我有一位在家弟子，常对他的同事说应该这样、应该那样，对方问他为何如此要求他们，他回答："这都是师父说的呀！"话是没错，但师父并没有要他去要求别人应如何，而是教他要求自己应如何才对。我们修学佛法，是拿佛法标准来检验自己的，不是用来衡量别人的。

"当净其心"，是净自心。举个例说，如果我们只要求别人的心清净，不说恶语、不做坏事，好让我们活在净土中，这是颠倒了，这不是心净国土净，而是要国土先净，而后心才清净。《维摩经》是要我们先清净自己的心之后，佛国的净土自然出现眼前。否则环境虽好，若内心烦恼，纵然身处天堂，依旧苦如地狱。

西方确实有个阿弥陀佛愿力所成的佛国净土，但是如果我们的心得清净，便体验到随时随处的世界，就是净土，这也就是"随其心净，则佛土净"的道理。其实我们这个世界，由凡夫所见是五浊恶世；由佛所见，就是一个佛土。释迦牟尼佛在我们这个娑婆世界成佛，这个世界为他的化土、净土和佛土，我们就住在释迦牟尼佛的佛土之中。只可怜众生心中有烦恼，所以看不到。如果我们的心得清净，就体会得到"随其心净，则佛土净"的境界了。

净土又可分成四类：1. 人间净土，2. 天国净土，3. 他方佛国净土，4. 自心净土。若能自净其心，则通见四种净土。

二、以六度净心

"资财无量，摄诸贫民；奉戒清净，摄诸毁禁；以忍调行，摄诸恚怒；以大精进，摄诸懈怠；一心禅寂，摄诸乱意；以决定慧，摄诸无智。"〈方便品〉第二事实上这段经文，指的就是六度，又名六波罗蜜。布施是属于物质层次的，其余五项是属于精神层次，是心的层次。要使得心净见佛土，就要用六度：布施、持戒、忍辱、精进、禅定和智慧来净心。

有一些附佛法外道，也讲佛经，也说他们是宣扬佛法，但他们只想走捷径抄近路，不要布施、持戒，不要打坐，不要努力用功，只想马上就能开悟，得到果位，这跟我们的《维摩经》是相背离了。此处明示，要见佛土，就必须先净其心，要净其心就必须布施、持戒、忍辱、精进、修禅定、发智慧，才能真正断烦恼、得解脱、证果位。

"布施"有财施、法施、无畏施。

"奉戒清净"有二层意思：一是消极的，不应做的事不做。什么是不应做的？凡对人、对社会、对众生有害无益的事叫坏事；而对自己暂时有益，但非永远有益，那是错因果的也算坏事。因为对自己暂时有益的，可能是一时的巧取豪夺而发横财，有名有利有权势，对自己看似有利，然因因果的关系，终将无好的结果，所以实际上对自己还是有害的。

二是积极的，不仅不造恶业，更当不断地做好事，凡对国家、社会、众生有益的，必尽自己的能力去做。用我们的心力、我们的体力来成长自己，奉献给他人，成就社会，利益众生，叫作积极的持戒。对个人而言，凡是有益身心及道业的事，也不得不做，例如少欲、知足、知惭愧、拜佛和忏悔等，都包括在积极持戒的范围里。凡是净戒，都能严持不犯，便是"摄诸毁禁"。

"忍"即忍辱忍耐之意，亦为接受、承认、认同的意思。唯有心甘情愿地接受苦难的折磨，才是最大的忍耐，如不能接受，就不叫忍辱波罗蜜。我们在打坐修禅定时，很多初学者不习惯，坐了一段时间就腿痛、背痛、腰痛，最后连头都痛，感觉如在地狱；然而如果接受它、面对它，就不会对痛感到很苦。同样地，如果能面对毁谤打击、百般的困扰纠缠，而不起忿怒瞋怨之心，便是修行忍辱波罗蜜。

我个人在修行时，就是如此体验，每当痛得厉害时，就告诉自己："原来这就是痛，看看还能痛到什么程度？"我不是忍，而是任凭它痛，不拒绝它，也不去克服它，随它去痛。在我的一生中，也常遇到极不如意的棘手事，我和我的弟子们，便以信心和耐心，忍辱负重，共度难关。当麻烦事发生时，绝不可怨天尤人，起瞋恨心，否则小不忍则乱大谋，会使你走投无路。因此我也常把不如意事，当作教我成长的恩遇来感谢。

前天我走在路上，看到一群狗，在咬一条狗，很残忍。最初，被咬的那条狗，一直在挣扎，又叫又扭，而它愈叫愈抵抗，愈激发那一群狗的兴味，把它咬得愈厉害。最后这条被攻击的狗，倒像有了修行似的，装死不动了，其他的狗看到它不动了，觉得没意思，便陆续地走掉；当那群狗走光之后，这条装死的狗，就爬起来一溜烟地逃跑了。它真是绝处逢生！我心里想，这真是一只懂得修忍辱行的狗呢！被咬得挣不脱时，干脆静下来让它们咬个够去，它接受了所遭遇的一切，结果反而为自己争得一线生机。世界上很多情况都是这样，你愈怕愈会碰上，例如怕死的人死得更快，怕狗咬的人愈可能被狗咬，怕鬼的人愈容易撞见鬼。但是，不能接受现状的人还真多，所以不妨劝他们来修忍辱行的法门。

我的出家弟子中，有人出家已好几年，知道忍辱行是应该修的，修了是有福报的，也会教别人要修忍辱行，只是碰上他们自己时，却连一句较重的话都受不了，就要找师父评理，要求还他的公道，那就是不能忍。忍辱是要难行能行、难忍能忍、难舍能舍，真是很难做得到的。但是为了要学佛净心，则非忍不可，要慢慢练习，从小忍而至大忍。

"大精进"是不断努力、不懈怠、不放逸、不找借口理由来原谅自己。修行的人，往往容易懈怠，所以有人说："信佛一年，佛在眼前；信佛十年，佛在西天。"这就是不知精进，不能持久。其实，一时间要发精进勇猛心还比较容易，要发长远持久心则很难。所以精进心一定要以持久心来配合，永不懈怠方是"大精进"，有大精进，才能有大成就。不过，精进不是洪水爆发，而要绵绵密密。例如在我的弟子中，常有人很精进，结果精进没多久就害病了。就像肚子饿了，拼命地吃，把肚子撑得好大，不但不消化，还坏了肠胃一样。那不是精进，精进是量力而为，尽心尽力，不断地努力，而非一时的盲从、亦非情绪的冲动。当然，要能毫不保留地，放下对于自我身心的执着，全心努力，才是大精进。

"一心"就是禅定之意。禅定有两种：一种是心的稳定，是心能不受环境的诱惑动摇；一种是心的统一，若前念与后念念念统一，就是入定。两者都可称为"禅寂"，禅定寂静之意。《维摩经》里讲的"一心"，指的就是定慧不二的心，其心不只是统一的，而且是无二心，心中无分别、无杂念、无妄想、无烦恼。

"决定慧"的慧，也可分为两类：有漏慧和无漏慧。有漏的智慧是有执着的，是有我的；无漏的智慧不但要无我执，亦要无法执。但有漏的世间智慧，也不同于知识，知识是一种学问，是可以透过书籍、前人的经验、自己的体验而得到；智慧则是一种创发、新的发现，说前人所未说，见前人所未见。许多的大学问家、大思想家，乃至于今晚的乐队指挥陈中申居士，他们都有自己的发现和创意。例如陈居士吹笛子吹到笛子拿掉了，笛声还在响，其实那是他的口技高明，他的嘴巴就是笛子，这就是他的一种发现、创作，是出于他的智慧。但是当一个人有了新发现，却以为那是属于自己所有并因而自鸣得意，则是有我、有漏的智慧。

至于无我的无漏智慧，也是一种明其别人所不明，但也不以知识、常识为基础，而是视情况需要给予适当的反应。不论是用语言、动作、表情，都可以表现出一个人的智慧。

所谓无漏慧，乃是绝待的觉悟，对内外自他，均以智慧的功能，而悟见无我、无相、无住、无念，所以得大自在，称为"决定慧"。而唯有无漏无我的智慧，才是六度中的般若波罗蜜，有我的世间智慧，称不上"度"，因其只能解决暂时的、局部的问题，而仍无从超越自我中心的束缚。

"不断淫怒痴，亦不与俱；不坏于身，而随一相；不灭痴爱，起于明脱。"〈弟子品〉第三

这一段是谈自心清净之后的人，应该如何。"淫怒痴"就是贪欲、瞋恚，以及愚痴。通常称为三毒，是烦恼的总称，是痛苦的原因，故也即是"我"的执着、自我的表现。

一个菩萨要在世间度众生，必须跟众生处在一起，不能表现出自我的清高而自外于众生，否则大家会不敢接近他。因此，菩萨在众生中，是表现得与众生类同的，也有一些些贪欲、瞋恚和一些奇怪的思想，所以一般人都能认同他。但是，就因他是一位菩萨，因此虽有一些淫怒痴之习性，却能不受役于这些习性，不为其所困扰。

"不坏于身"的"身"，指的是我们的肉身，又称色身，又叫父母所生身。有身体就会有问题：肚子会饿，需要吃；口会渴，需要喝；吃喝之后需要上洗手间。凡夫以身为自我，有身就有烦恼，就有不净，就不自由。

有一次有一位西藏活佛来台出席会议，有人看到他也到洗手间去，就质疑：活佛怎么也上厕所呀？这意思好像活佛就应该像供在佛桌上的佛像一样，不吃、不喝、不睡、不上洗手间的。不过，既然活佛也有人的身体，他就不能没有人身当有的现象。

不过解脱了的佛菩萨，虽然也有身体所衍生的问题，但其内心，不会执着这个身体是我的，也不会由于这个身体而起贪、瞋、嫉妒及骄傲等烦恼，而能把这个身体和身体所处的外在环境，以及环境中的一切事物，都视为是一体，这叫作"同体大悲"。他们体验到自己的身体并不属于个人，是属于一切众生，因此应为一切众生而奉献，去做能做、应做的一切有益众生的事。从相反的角度看，众生的身体亦等于是自己的，若有一位众生害病，就等于是自己害病。因为自己身和众生身，一体无二，所以众生的身体，也等于是自己的，这叫作

"不坏于身，而随一相"。

"随一相"有两类：一是"同一相"，即刚刚所说的，我的身体是大家的，大家的身体也等于是我的；二是更高一层的，叫"异一相"。同一相是有相的，有自我的身体，也有他人的身体；而异一相就没有特定的形相，是涵盖一切物质现象而超越一切物质现象。而此"一相"即《金刚经》里所讲的无相，也是《金刚经》与《法华经》所说的实相。

"不灭痴爱，起于明脱"，"痴爱"是什么？痴是愚痴、是无明，爱是爱欲。愚痴障智慧，爱欲生烦恼，其根本源自无明，而生死的苦报则从爱欲而来。我们人间因有"爱"才有"取舍"，有"取舍"才造种种业，受种种报。

做为一位菩萨，因心地清净，虽然处身在爱欲的环境之中，但是能够觉察、明白，爱欲乃众苦之因，既已清净自心，即不受痴、爱所惑，故常能够自在解脱。

优波离白佛言："世尊。我不堪任诣彼问疾，所以者何？忆念昔者，有二比丘犯律行，以为耻，不敢问佛，来问我言：'唯！优波离，我等犯律，诚以为耻，不敢问佛，愿解疑悔，得免斯咎。'我即为其如法解说。时维摩诘来谓我言：'唯！优波离，无重增此二比丘罪，当直除灭，勿扰其心。所以者何？彼罪性不在内、不在外、不在中间，如佛所说：心垢故众生垢，心净故众生净。心亦不在内、不在外、不在中间。如其心然，罪垢亦然，诸法亦然不出于如。如优波离，以心相得解脱时，宁有垢不。'我言：'不也。'维摩诘言：'一切众生，心相无垢，亦复如是。唯优波离，妄想是垢，无妄想是净；颠倒是垢，无颠倒是净；取我是垢，不取我是净。'"〈弟子品〉第三

这是一段故事，旨在说明应向内心做工夫。心中清净，就不算是犯戒，也不可能犯戒，即使犯了戒，若能清净其心，也没有罪。犯戒之罪存于心，若心清净，犯戒之罪也就不存在了。故事内容则是谈到有二位比丘犯了戒，他们觉得非常羞耻，也不敢去向释迦牟尼佛请示，只好向释迦牟尼佛十大弟子之中持戒（律）第一的

大律师——优波离尊者请教，要求优波离为他们照着戒律的开遮持犯，说明他们应如何悔罪。

罪有二种：一为戒罪，一为性罪。戒罪是凡受了戒的人，犯戒就有罪，但是如果如法忏悔，戒罪便可消除。所谓如法忏悔，如果是自我自心反省的忏悔叫"责心忏"；如果对另外某个清净比丘忏悔，称为"对首忏"；如果是向一个会议形式的僧团来忏悔，名为"作法忏"。忏悔之后，戒罪就消除了，可是戒罪消了，性罪还是存在的。

性罪是指造恶业的本性，就是有罪，不论受不受戒，都得受报。例如一个受了戒的人杀了人，是犯了戒，名为戒罪，但其杀人的行为本身就有性罪，戒罪加性罪，都要受果报。如果犯了戒，既不知惭愧，又不知如法忏悔，只好受报去了，这是很可怕的事。

此处《维摩经》里讲的除罪方法，就不太一样了，维摩诘菩萨向优波离说："唉！你就不要再增加那两位比丘的罪过了，你应该直接让他们的心清净，他们的罪就除掉了。"为什么呢？因为罪的性质不在心内，也不在心外，也不在中间。心外的意思是对人犯戒、对环境扰乱的犯行，心内则是自我产生烦恼、困扰。事实上，罪性是既不在心内，也不在心外，更不在心内、心外的中间的。因为罪性本空由心造，心若清净罪亦除。众生心有烦恼垢，众生心中即有犯戒作恶之罪，一旦众生心垢除，烦恼垢亦除，故说"心垢故众生垢，心净故众生净"。因为佛说，心中有不清净的烦恼出现，这个众生就是有罪业的；如果心已清净，那么这个众生本身就是清净的。这是因为心与罪性一样，是不在身内、不在身外、也不在内外的中间；罪性也与心相同，不在内外中间。

"不出于如"的"如"，是不垢不净，本来如此的意思。《心经》中所说的"不生不灭、不垢不净、不增不减"，既不这样，又不那样，就是"如"。"一切众生，心相无垢，……妄想是垢"，众生因有妄想，所以就有犯罪的罪恶感，如果没有妄想，心就清净了。所以犯戒的人，用不着太烦恼，只要赶快把心中的烦恼处理掉，让心清净就没事了，这是根本的办法。

"颠倒是垢，无颠倒是净"，颠倒的意思是指常、乐、我、净。如果把我们的身心世界当成是永恒的，认为那是快乐的，其中是有我的，并认为那是清净的，那就颠倒了。应该是要看到无常、苦、无我、不净的真实状况，才是不颠倒。如果我们能从颠倒变为不颠倒，心中自然是清净的了。心中有烦恼，都是被"颠倒"所扰乱。《心经》中有"颠倒梦想"的经句，当认为我们所看得到的这个身心世界，是常、乐、我、净，就是颠倒想，只要有颠倒想，必定会有痛苦，一定不是清净，反之，则是清净。

"取我是垢，不取我是净"，这个"我"分为两大层次：一个是我们自己身心世界的价值观；另一个是对自己解脱自在的价值观。不懂佛法的人，往往对身心世界是那么的执着，那是一种"我"；懂得佛法并在修行佛法的人，则认为涅槃成佛是那么的重要，这又是对另外一种价值的执着，也是"我"，有我即不净。

我常告诉跟着我修行的人说："第一要放下自我，第二要放下追求成佛的念头。"追求成佛是一个很好的目标，但已经进入修行的阶段之后，就不要老是执着追求自己的目标，而是要时刻记住，照着方向去努力才是最重要的；不要老盯住目标、成果，须知此刻努力的过程就是目标，当下努力的付出就是结果，也就是要放下最后的追求。

是故，佛法要我们放下的，第一是对我们身心世界的执着心，第二是对佛法成果的追求心。

三、菩萨如何调伏其心

> 文殊师利言："居士！有疾菩萨，云何调伏其心？"〈文殊师利问疾品〉第五

"菩萨"有两类：一类是凡夫菩萨，另一类是圣位菩萨。初地以前的菩萨，都是凡夫；初地以上的菩萨又叫法身大士，就是圣位的菩萨。我们在《维摩经》的〈文殊师利问疾品〉中看到"以一切众生病，是故我病"，这个我是指维摩诘菩萨；"若一切众生病灭，则我病灭"，这是维摩诘居士所说。他是一位圣位菩萨，圣人菩萨本身并没有病，但为度众生，就要与众生在一起；为了度众生，而众生有病，菩萨也就不能不现病相。没有病是指放下，什么都不罣碍的意思。

此处所说的"有疾菩萨"，指的是凡夫菩萨。凡夫发了菩提心，希望将来要成佛，就成为初发心的菩萨了。不过很重要的一点是，发心之后，务必要受菩萨戒。

菩萨如何"调伏其心"？这与《金刚经》所讲的
"降伏其心"，是同样的意思。依据《维摩经》所说，
则有如下的一段经文：

维摩诘言："有疾菩萨，应作是念：今我此
病，皆从前世妄想颠倒诸烦恼生，无有实法，
谁受病者！所以者何？四大合故，假名为身；
四大无主，身亦无我。又此病起，皆由著我，
是故于我，不应生著。既知病本，即除我想及
众生想，当起法想。应作是念：但以众法，合
成此身，起唯法起，灭唯法灭。……设身有
苦，念恶趣众生，起大悲心；我既调伏，亦当
调伏一切众生。但除其病，而不除法；为断病
本，而教导之。何谓病本？谓有攀缘，从有攀
缘，则为病本。"〈文殊师利问疾品〉第五

这段经文，介绍维摩诘居士回答文殊师利菩萨的问
话而说：菩萨有病没有关系，只要做这样的观想——我
现在的病，是因为过去世我有妄想的烦恼心，起颠倒
想，而以无常为常、以无我为我、以不净为净、以苦为

乐，故生烦恼。事实上病无实法，人以四大为身，四大无主，身也非我，着四大为我即生病，若不执我，即无病法，因此可知，并没有真正的病根，亦无无法治疗的病法存在。既然没有不变的、永远的、实在的病"法"，又有谁是真正的害病者呢？

"四大无主，身亦无我"，是说身体是由地、水、火、风的四大元素所组成，身体中的地大、水大、火大、风大等各个元素，刹那不停地在新陈代谢，并没有一个实质不变的自我存在，身体里没有"我"，"身"当然就不是我。若能明白了四大合成的肉身之中，并没有一个固定的主人，此身自然不是我，既然无我，即是解脱，也就没有病法这样东西了。

既知"病本"，是因执四大为"我"，就要除"我想"，也要除"众生想"。"我想"是主观的我，"众生想"是客观的我。《金刚经》里说到"无我相、无人相、无众生相、无寿者相"的四相。事实上我相是主观的自己，人相、众生相是客观的自己。很多人认为这是我、这是你、那是他，其实讲的都是我，因为有"我"，才会看到你，见到他。所以可以这么说，因为有主观的"我"，而知有客观的单数你、他，和复数的众生，因此，人及众生，实为客观的我，那是"我"的一部分。如果不起我想，也不起众生想，那就主观及客观的我，都不存在，就是"无我"了。

"当起法想"的"法"字有三种意思：一种是现象，称为事法界；另一种可以称它为本体，名为理法界；第三种佛说的法义，称为达摩。此处的"法"字，是幻起幻灭的事法，即是诸法的现象，即是心理现象、物理现象、生理现象和社会现象等等，也即是因缘生、因缘灭的因缘法，无差别相，也非统一相，而是非法非非法。那是说，不能叫作法，也不能叫作不是法。这便是从现象法而体达无着、无我的实相法。这也是教人从现实的病苦，直观诸法实相，即可无病。所以"应作是念：但以众法，合成此身"即证实相、中道、无相而又无不相的不二法门。

至于"起唯法起，灭唯法灭"的两句话，不是法有我无，而是暂有暂无，即有即无；身非常法，身病亦非常法，既是幻有，便不是真病。

以上所说的是观照自身无我，"设身有苦，念恶趣众生，起大悲心"，此三句是观众生受苦，起慈悲心。比起恶趣众生所受之苦，自身所受者，便不能算苦了。

当身体有了苦难的时候，很多人就会祈求救苦、救难、广大灵感观世音菩萨来救苦救难，这样并没有错。但在《维摩经》里，是希望我们要学观世音菩萨，当自己有苦难临身，要念恶趣众生所受众苦，愿做救济，愿代其苦，则自身的苦感，随即消失。所谓"恶趣"指的是地狱、饿鬼、傍生，他们的痛苦，尤其是地狱之苦，比我们苦得太多，我们再苦，还有间息的时段，无间地狱的众生，是处处苦、时时苦，乃至不容有其他的念头，只是连连不断地受苦。

由此可知我们所受的身苦，其实不足为苦。我们只要有些饥饿感便很难受，饿鬼道的众生，却是永远处在饥饿状态，而且什么东西都无法下咽。永远饿火中烧，饮食入咽喉即起火，故称"焰口"。傍生的下等动物，生命脆弱，弱者肉强者食，根本没有安全的保障，与之相比，人身所受之苦，亦不足为苦。当我们生起大悲心时，即会忘却自身之苦。菩萨恒常慈悲众生，所以是无苦无难又是救苦救难的大解脱者。

所以当自己遇到苦难时，不只祈求观世音菩萨，更要想到自己身体的苦是小事情，还有更多苦难的众生比我们更苦，应想办法帮助他们，使他们得到救济。一个人能忍苦耐劳，是因为有责任感、使命感，以及助人之心；因此不论年纪多大，都还能继续努力奉献。身体有病的人，为了助人的心愿，也依然可以帮助他人；甚至还有重病的人，居然能够帮助轻病的人。

"我既调伏，亦当调伏一切众生"，这是说，当你自身的困难调伏之后，也应该帮助其他的一切众生，去调伏他们的身心。

"但除其病，而不除法"，这句话是说，我们的烦恼病、我执病，应该要放下除去，但是因缘法、因果法、我们的身体，却不必放下除去。从众生的立场说，法身要借色身修，是故佛说人身难得。从菩萨的立场而言，为度众生，为成正觉，仍须色身，借假修真。真正的菩萨是不会为环境中的苦难所困扰的，自己在这世界中受苦受难，所以能为众生救苦救难。

什么是"病"的根"本"呢？是攀缘。也就是凡夫经常心随境转，凡夫的心受环境里的人、事、物所影响、牵连、困扰，称为"攀缘"，那就会有病产生。如能做到心如止水，又如明镜，而且有求必应，则是除病不除法，也就是心灵环保的最高境界。

"虽摄一切众生而不爱著，是菩萨行；虽乐远离而不依身心尽，是菩萨行。"〈文殊师利问疾品〉第五

这两句话是说，成就了众生，心中应无所罣碍，不再放在心上。正因为要度众生，虽喜远离烦恼的尘嚣，仍不舍此幻化的身心；做过的功德、度过的众生、成就了的事，虽有记忆，但不能有爱恋、贪恋、舍不得的存心，也就是有成就之实，而无成就的执着。如能摄一切众生而不爱着，对得失现象的发生，心里也不易产生任何的芥蒂。当门庭如车水马龙时，不会得意神气，当门可罗雀时，亦不会感到寂寞倒霉。

"虽乐远离而不依身心尽"，这句话其实就是《心经》里的"无无明，亦无无明尽，乃至无老死，亦无老死尽"的意思。老死是身的老死，无明则是心的无明。也就是说，对于身体的生死不放在心上，但还在生死中度众生。自己心中已无烦恼无明，但是仍在烦恼无明的众生群中，普度众生。

"夫求法者，不著佛求，不著法求，不著众

求。……法名无染，若染于法，乃至涅槃，是则染著，非求法也。"〈不思议品〉第六

今天的听众都是求法的菩萨，所以才来听讲佛法。可是听佛法的人有两类：1.是希望听到佛法的道理、观念、方法，然后回去写书或转告给他人。这样好不好呢？很好，《法华经》以及一切所有经典，都鼓励我们听了法，乃至一句、一偈告诉他人，都有无量功德。2.是如此处，《维摩经》告诉我们的，求法的人和说法的人，应该不要以为有佛可求、有法可求、有僧众可求。初机学佛的人，求佛加持、求法修道、求僧传法；希望从僧学法，由修学佛法而成就佛道。这都是有执着而求三宝，也是正信学佛的正常心态。但是，如已到了心无罣碍的程度，心中无物，心外无相，自心清净，心性本空，执着世间浮利虚名，身外之事物，固然是错，纵然是佛教的根本，佛、法、僧三宝，也执着不得。正如临济义玄禅师云："真佛无形，真法无相，……设求得者，皆是野狐精魅。"又云："如真学道人，并不取佛，不取菩萨罗汉。"甚至于说："求佛求法，即是造地狱业。"其语重而心长，目的是为参禅求道的人去滞

除缚。

"法名无染"的"法"字，指的是超越于世间有漏之我相的究竟法。例如《增一阿含经》第二卷〈广演品〉有云："夫正法者，于欲至无欲，离诸结缚、诸盖之病。"又于《分别功德论》第二卷云："法者，谓无漏法、无欲法、道法、无为法也。"本来，依据一般经论的解释，"法"是梵文 dharma（达摩）意译，有二义：1."任持自性"，各有其自相与特性；2."轨生物解"，各有轨范而生物解。那是对法相之法，所做的界定。此处《维摩经》的"法"义，是指无我、无相、无住、无着的大般若、大菩提、大涅槃的究竟心法。所以是"无染"无着，而又不落有无的。

"若染于法"的"染"字，是指执着有法可求，而被法的观念所"染"着困扰，则反受其害。如认为真的有法可求可得，纵然求的是清净寂静的"涅槃"，也会由于心有所执而成为"染"法，那就不是寻"求"正"法"的人了。

心灵环保的着手工夫，是从待人接物、日常生活的起心动念处随时做起；心灵环保的过程，是从自私自利的自我身心观照渐渐净化，而至于无病无我的境界；心

灵环保的最高层次，是从有法可求至于无求无染而又精
进化世的佛的境界。

　　（一九九四年二月十四日讲于台北市国父纪念馆，由苏丽美
居士整理录音带，圣严法师亲自修订补充成稿于一九九四年六月
二十六日美国纽约东初禅寺）

第五讲 《维摩经》与慈悲喜舍

一、以四无量心布施

第五讲的讲题是"《维摩经》与慈悲喜舍"，实际上就是讲《维摩经》中的布施思想。然如仅讲布施，其范围很狭小，若以慈悲喜舍，配合着讲，就会相当深广，而且能把"布施"解释得非常深刻。

本来，慈悲喜舍，称为四无量心，又名四等心，又名四梵行。是十二门禅中的四禅：1. 慈无量心能与乐。2. 悲无量心能拔苦。3. 喜无量心见人离苦得乐而生喜悦。4. 舍无量心即舍如上之心不好执着，又能怨亲平等，舍怨亲想。

以此四心普利无量众生，能引无量福德，故名无量。平等利益一切众生，故名四等心。此四心依四禅而修，修之得生梵天，如三果圣人，故云四梵行。一般凡夫，只能修布施生欲界天，若修四无量心，则能近于解脱，得生色界第四禅的五净居天，以能舍故，做无相布施。

一般人讲布施多着重物质上的行善，而佛法讲的布施，范围相当广大，慈悲喜舍四个字，都在布施的范围内。重要的是在布施之后，自己不但要把布施一事忘掉，也不去想布施的原因或布施的对象，即布施之事以及布施的心，全都要放下来，这才是真正的布施。

有"慈悲"才会布施，而布施不着相，就是"喜舍"。

"毁誉不动如须弥，于善不善等以慈，心行平等如虚空。"〈佛国品〉第一

"毁"是诋毁、诽谤、侮辱，"誉"是赞叹、赞誉、荣誉。许多人都会有荣、辱两种不同的遭遇，而心里不可能不动；但做为一个修行佛法的菩萨行者，对于或毁或誉是不会计较的。如是为了众生得利益，就算自己得下地狱，也不会在乎。为了众生得利益之作为，也

可能让人赞叹，那是他人之事，与自己无关。例如去年
（一九九三）一年我得到三个全国性的大奖，有人问我
得奖之感想，我答以"淡而无味"。

虽然我这个受奖人，对有奖、无奖，了无差别，可
是我的弟子们以及认同、赞成并协助我们的人，则感觉
非常有意义。因此，得奖和颁奖，还是件很有意义的
事，也是值得赞叹和鼓励的好事。

毁、誉对我而言，不必放在心上，可是给了我的奖
励，我应该说："谢谢鼓励！"而我也受之无愧。因为
这是经过非常慎重地评审之后，所做的选择；如果我说
受之有愧，就像在说他们颁奖颁错了人，那就对不起颁
奖的单位和团体了。

如果我的心里，因得奖而觉得飘飘然，自认了不
起，那就错了，这不是一个法师应有的心态。然而我是
否真的心无所动？也还没到这个程度，我还是有一点点
的喜悦之感。喜悦什么呢？喜悦行善还是有许多人赞叹
鼓励的，表示我们这个社会、这个人间，还是有希望得
救的，我当为此感到欢喜。

"不动如须弥"指的是心的情况非常稳定，像一座
大山那样地持久、稳定。"须弥"是佛经传说中的一座

大山，它是世界的中心，山顶与天相连，山脚是整个世界的基础，所以须弥山如天之长、如地之久，是永恒不动的，日月地球的天体世界，则是绕着须弥山而运行。这句话是形容一个修行菩萨道的人，心要安定得像须弥山一样，才算工夫，也就是"利衰毁誉称讥苦乐"等八风吹不动的工夫。

"于善不善等以慈"，对于行善的众生，固然要关怀他们，至于行恶的众生，亦应同样给予关怀。"慈"以现在的名词解释就是无条件的关怀，关怀不应有亲疏远近之分，应该怨亲平等。例如在监狱中的受刑人，虽曾做过坏事，却是需要我们用佛法去关怀。

"心行平等如虚空"，是说依我们的慈悲心，产生了慈悲的行为，平等帮助了许许多多的人，但是心中无罣无碍，没有一点自认为做了好事的痕迹和想法。"心行平等"也是直心之意，直心行道，就是心行平等，普遍平等地对待一切众生，而行一切布施，布施之后，心中了无一物。这是真正的慈悲喜舍四无量心。

四无量心，事实上就是用四种大平等心、大智慧心、大慈悲心，平等对待一切众生，行大布施。也就是今天的讲题。如前所说，四无量心是配合四禅所修的梵行，但也正是大菩提心的内容，成等正觉的基础。因为"无量"即是大，若能修成大慈、大悲、大喜、大舍，就是大雄大力的佛陀了。

　　"四无量心是菩萨净土，菩萨成佛时，成就慈悲喜舍众生，来生其国。"〈佛国品〉第一

　　如果我们希望人间净土在我们面前出现，只要自己能够练习着修行四无量心，我们的面前及周围环境就是佛国净土。如果能够恒常修持四无量心，在成佛时，周遭将都是修行四无量心的众生，生到我们的国土中来。以此标准看，说是容易，但也十分困难。

　　因为我们一念清净，一念即见净土，十念清净，十念即是净土，念念清净，念念皆生净土。只要一念与佛的慈悲喜舍心相应，我们眼前所处的世界即佛国净土，此时所见之众生，将都是修四无量心之众生。这是修行者自心世界的经验，只要修行，就可兑现，故说容易。若待以修持功德愿力，以修行四无量心而成就了佛国净土，来利益众生，那是果位上事，相当地难。

　　诸位不妨试试容易的一种，你自己修持四无量心，

将会发现你四周，也或多或少有人在修此法。反之如果你的慈悲喜舍之心生不起来，一则不易成就佛国净土，二则即使佛在面前，亦见不到佛。

> 时维摩诘来谓我（大迦叶）言："唯大迦叶！有慈悲心而不能普，舍豪富，从贫乞，迦叶！住平等法，应次行乞食。"〈弟子品〉第三

此段是《维摩经》介绍世尊十大弟子中头陀第一的摩诃迦叶尊者。他已经证得阿罗汉果，但他认为贫穷的人已经很苦，如再不布施，以后将更没有福报，会更贫穷，所以他慈悲可怜那些穷人，当他托钵乞食之时，舍富人之家而专向穷人化缘，好让他们种植福田，将来得大福报。

这样的存心，看似对的，实则也是不平等心。如果今天台湾的穷人很多，吃不饱、穿不暖，还可能来国父纪念馆听圣严法师讲慈悲喜舍吗？今天在座的菩萨们应该都是丰衣足食，至少是衣食无虑、小康以上的生活水平。那么摩诃迦叶尊者如到今天的台湾，可能就要跟诸位结不上善缘了。

"慈悲"乞化，可有三个等级：1.一般人认为穷人已经很苦了，再去向他们募化，实在于心不忍，因此应向富人募化才对。2.如摩诃迦叶尊者，乞贫不乞富。3.像维摩诘居士，认为应当平等摄化，不论贫富贵贱，凡有缘者，次第乞食。

布施行，是不以多少及贫富而论功德，诚心诚意、全心全力而行布施，便是大功德；如果是敷衍勉强的布施，虽然都有功德，到底不如虔诚恭敬的功德更大。此处说的平等法，是站在乞化人的立场而言。我们需要劝人布施时，不管对方是以何种态度来布施、布施多少，我们都应不起分别，以全心为他祝福，这就叫作"住平等法"。从佛法的观点而言，布施是双向的，在家人以财物布施给出家的僧团，出家的僧团则以佛法布施给在家的信众。纵然有些出家僧众不能说法，总还能为施主全心祝福，也算是一种喜舍布施，也是一种慈悲的心行。

"心不住内亦不在外，是为宴坐，……不断烦恼而入涅槃，是为宴坐。"〈弟子品〉第三

"心不住内亦不在外"，即是舍除心的执着；宴坐是单独一个人打坐、静坐之意，乃是舍了世务的执着。常人坐禅要在静处打坐，是为避免尘嚣，维摩诘则说只要心不住身内也不住身外，舍离一切攀缘境界，便是禅坐。

"不断烦恼而入涅槃，是为宴坐"，常人宴坐的目的，是为获得智慧而断烦恼，了生死而入涅槃。维摩诘则说，入涅槃者未必要断烦恼，能入涅槃者，即是宴坐禅修。大乘的菩萨由于慈悲心重，虽从生死获得解脱，仍要留惑润生；菩萨以慈悲心，现烦恼相，让众生信赖他、亲近他，以方便度化，这也是菩萨度众生四种摄化方法之一，叫作"同事摄"。

菩萨虽现烦恼相，但内心是不执生死也不执涅槃的。涅槃是寂静、寂灭之意，寂是不动，灭是不存在。心里的烦恼已不动、不存在，故也不必蓄意要断烦恼，就是涅槃了。

虽现烦恼相，又不蓄意要断烦恼，又没有烦恼心，在凡夫的阶段虽是做不到的，但亦不妨学习学习。当我们有烦恼时，就要想到这烦恼是可以寂灭的，所以在烦恼起来时，不要对自己太失望而没有信心。当告诉自己，现在虽有烦恼，只要心不受环境影响动摇，烦恼自然消失。若能如此练习，则我们在任何场合，都可说是在练习打坐、入定，这也是在做舍心和舍身的布施行。只要遇到让你心动身动的情况时，坚持不管它，也算是能够舍得了。

这句经句中，还有一层意思是说：不断烦恼而度众生，但是烦恼并不存在，也没有众生得度。一旦到达这个程度，也是慈悲喜舍，是大布施。

> 时维摩诘来谓我（阿那律）言："唯阿那律！天眼所见，为作相耶？无作相耶？假使作相，则与外道五通等，若无作相，即是无为，不应有见。……有佛世尊，得真天眼，常在三昧，悉见诸佛国，不以二相。"〈弟子品〉第三

阿那律是释迦牟尼佛十大弟子中的天眼第一，天眼可以看到肉眼见不到之事物，可看到最远、最近、最大、最小之事物，肉眼则太近、太远、太大、太小、太粗、太细均看不到；天眼可以无远弗届，且无微不至；天眼又能预先见到将来要发生的事态。到了这种程度，

究竟有否看到东西呢？如果执着所看到的都是真实不虚的话，那就跟外道的五通仙人相同了。

凡夫外道，也可能有五种神通：天眼通、天耳通、神足通、他心通、宿命通。这些由以自我为中心的"我"所发出的特异功能，非一般人的感官所能发生，在外道称之为五通。天、鬼、神，都可有或大或小的五通，天及鬼皆是以果报而得神通，人类则有修得及报得的两种。

罗汉已得解脱，已断生死烦恼，有的得六通（即是五通加漏尽通），有的虽已证无漏果位，却未必发起神通。外道的神通，皆是有我有相的，所以虽有神通，并未解脱。罗汉的神通是无相无我的，故已解脱，如果有我相、人相、众生相；有身相、心相、物相，均为有相，是执着，不是真正的佛法。

如果是"无作相"，即是无为相，那就是有相等于无相，无作相是不做善恶无记等有漏业相的。既是无相，就不用肉眼，亦不用天眼了，此即是舍了诸有相及无相。

阿那律已经是阿罗汉，因此他的天眼应不是有相的；如果还执着有相，就不是阿罗汉了。可是天眼所见，怎能说是无相呢？所以阿那律不知如何回答维摩诘居士。

因此维摩诘居士则告诉阿那律："有佛世尊，得真天眼。"阿罗汉所得，叫天眼明，非天眼通。诸位有否听过"三明六通"的名词，是阿罗汉得。所谓三明，即是天眼明、宿命明、漏尽明。而佛的天眼，又高于阿罗汉，是究竟的天眼，故名"真天眼"。天眼、漏尽、宿命，在阿罗汉称三明，在佛谓三达。

佛也用不到着意使用天眼，佛经常生活在定慧不二的三昧境界，故也不须使用天眼，就能见到一切诸佛的国土，因为诸佛国土之间，非一相非异相，乃是"不以"相对的"二相"来看诸佛国土的一切现象。示意阿那律，当舍天眼的功能，亦舍天眼所见相，才能体会佛的真天眼真智慧是什么境界。

"真天眼"是常在三昧，悉见诸佛国，不以二相。佛经中说："如来常在定，无有不定时。"这是非常微妙的，佛没有一个时间不在定中，虽然处处应化、处处度众生，他仍常在三昧中。三昧是定慧相融而得悲智双运的功能。既是"三昧"，一定是不动的、无相的、寂静的，但是佛的心中无物，所以不为所动，佛的智慧

如海，慈悲如父，所以能见一切诸佛国土，能度一切
众生。

以释迦牟尼为例，他从这个娑婆世界可以看到十方
世界的一切诸佛国土，所有一切十方诸佛都在他们的国
土上说法度众生，虽见诸佛国土，此土与彼土不以二相
分别。

"二相"的意思是分别相。不以二相，是说一切诸
佛国土等于一佛国土，一切诸佛等于一佛。为什么？佛
佛平等，佛土平等。诸佛的法身遍虚空、等法界。一尊
佛如此，尊尊佛均是如此，每一尊佛各以其愿力形成诸
佛净土，但每一尊佛的法身遍于一切国土，其功德亦遍
于一切虚空。因此，虽见一切诸佛国土，心中无差别
相，如见一佛国土。

好比说，今天有二千五百位听众菩萨在此听法，我
是看着、对着每一位听众来讲，而在我心中应该是视同
只有一个听众，把诸位菩萨当成是一尊菩萨来讲《维摩
经》。否则每讲一句一段，要看看二千五百位听众每一
位的反应，这场演讲就很难讲得下去了。所以我演讲
时，无论多少人听，都把他们当作是一个人。

"不以二相"，实际上就是无定相亦无异相，也就

是"舍"相。慈悲布施的人一定要做大布施、全心布施、无限布施，不能有一定的对象，心中若有特定的对象，这一定是有限的有相布施。

此段是以佛的真天眼来做慈悲喜舍的说明，阿罗汉的天眼，尚无法达到这样的境界，我们虽不是佛，也不是阿罗汉，但不妨试着去学习、练习。

二、四无量心的意涵

文殊师利言："若菩萨作是观者，云何行慈？"维摩诘言："菩萨作是观已自念，我当为众生，说如斯法，是即真实慈也。"……文殊师利又问："何谓为悲？"（维摩诘）答曰："菩萨所作功德，皆与一切众生共之。"〈观众生品〉第七

慈与悲两字，在佛教圣典里是可合可分的，经常却是合起来用的。梵文的慈与悲是两个不同的字，但也可以结合在一起用的。例如《大智度论》卷二十七云："大慈与一切众生乐，大悲拔一切众生苦。"

又在《大智度论》卷二十及《地持论》与《涅槃经》说，慈悲有三种：1. 众生缘慈悲，以一慈悲心，等视十方一切众生，如父母兄弟等的亲人。2. 法缘慈悲，此乃三乘圣人境界，既断烦恼，已无我相及一异相，故欲一心拔济众生随顺其意拔苦与乐。3. 无缘慈悲，此唯佛的境界，诸佛不住有为，不住无为，不住过去现在未来，故无所缘境界，但以众生不知诸法实相，受烦恼苦，佛则不为什么而让众生自然获得拔苦与乐的利益。

初发心的菩萨，能做到第一阶段的众生缘慈悲，已经很好。若见有众生因饥饿苦，则给予食物，令其饱足解决饥饿之苦而生欢喜，其动机及发心既是慈亦是悲，但这布施的行为则是属于悲行。我们常听说，菩萨发大"悲"愿，就是因不忍心见众生受苦受难，而欲予救拔，令其离苦得乐。如仅系心中发了悲愿，却还没有行为表现出来，也有用。虽没有办法马上兑现，既然发了悲愿，终有一天能够做到。

《维摩经》所说的"真实慈"，是第三阶段的无缘慈悲。所以该经要说："行寂灭慈，无所生故；行不热慈，无烦恼故……。"一共举出了二十九个项目，来说明真实慈的内容。

如果不发悲愿，等于没有度众生的意愿，也就不太可能会尽自己的一切能力去学习、充实、成长，进而帮助他人，所以悲愿可说是对一切众生的承诺。

《维摩经》说的："何谓为悲？"就是将自己所修的一切功德，布施给一切的众生。通常称为回向，可以解释为把自己的功德分享给众生。功德可分为两类：1.有漏功德，2.无漏功德。

做有漏功德，就像是投资，希望回收，做了好事想享福报，就像是一边赚钱，一边花钱；一边存钱，一边提钱，那么所能拥有的钱将是有限的，永远无法圆满。也像一只杯底、杯身、杯缘有裂缝、有洞孔、有缺口的茶杯，倒进去的水终究会流出，永远装不满。

有漏功德虽像有漏洞的茶杯，水会不断流走无法装满，但是做功德是很好的事，即使是有漏功德还是要做，也要鼓励人多做，这对社会是有益的。多做有漏功德可以得到人天福报，在人间是富贵中人，在天上可享天福。

无漏功德，则与有漏相反，例如持戒布施而离我执，不求回馈。无漏的意思就像一只完整的茶杯，杯底没有洞，杯身亦无裂缝，倒进去的水，有多少装多少，直至装满为止。

今天晚上我讲经的功德很大，说不定将来你们比我早成佛，如果我要你们记得我曾经为你们讲过经，届时不要忘了来度我。这样想当然没有错，可是一旦有所期待，希望有所回馈，就属于有漏功德。然而如果你们成佛之后，抱持反正我是做无漏功德，不思回报，所以就不理睬我了，那也不对！

最近有好多位居士来见我，请我帮他们的忙，其中一位居士，遇到困难已经好几个月了，我告诉他："念观世音菩萨或〈准提神咒〉，一定会有感应，改善困境，甚至解除困难。"他问我："为了自己的困难而念佛持咒，不是有为吗？不是有漏吗？"我说："难道因为那是有漏的就不做了吗？"我要他持〈准提神咒〉二十万遍，念观世音菩萨圣号一百万遍，教他心里想着："虽然现在自己有困难，但是还有更多的众生处在比我更大的困境中，但愿那些众生都能解除困境。"结果他又认为这也很奇怪，而说："我自己的苦难尚未解除，却去管别人的苦难。"这真是一个矛盾的人，我只好对他说："能有漏就有漏，能无漏就无漏，先有漏再无漏吧！"

"何谓为喜？"答曰："有所饶益，欢喜无悔。"〈观众生品〉第七

"喜"的意思在《维摩经》而言，是在利益了众生之后，不论对方的反应如何，只要对众生真有益处，定会喜悦，不会后悔。一般人是无法欢喜无悔的，但做为一个菩萨，对上述三种类型的功德都应欢喜。

当我们做了功德，对方有所回馈时，我们心里应作如是想："这个人得到我的帮助能够感恩图报，真是有善根，是一位知恩报恩的菩萨。"佛教本是个报恩主义的宗教，当然要为此人心生欢喜。

如果碰到没有回报的情况，又如何呢？应想："对方得到利益，可能现在没有能力回报，也许将来有一天，他会懂得把他自己的所能及所有，去协助他人。"播种的人，其目的不是为自己，收成之后，能供给其他众生，就值得欢喜了。

如果遇到恩将仇报的情况，又如何欢喜得起来呢？我们要想，这个人接受我的帮助反而来害我一下，这是要成就我的忍辱心、精进心、不动心，是要成就我的无我、无漏、无相的心，是要成就我的大慈悲心，所以这

是大菩萨的化现，既然是遇到了大菩萨，怎么会不欢喜呢？

若能作如是观想，我们随时，都能心生欢喜而无后悔之心了。

"何谓为舍？"答曰："所作福佑，无所悕望。"〈观众生品〉第七

"福佑"是造福给他人，修"福"而不希望成果，即是"舍"。福有两种：一是有漏的福，二是无漏的福。所谓有漏的福德，是指"善有善报"、"种瓜得瓜"、"养儿防老"、"积谷防饥"，都是属于有所希望的，修了有漏的福，能够得到人间天上的福报。

一般人都是生活在希望之中，没有了希望，就活不下去，也不会有进步。"希望"是对的、是好的，有希望可能是有漏福，但也并非一定是有漏福，端视该希望是为了自私还是为了慈悲；自私为己是有漏，慈悲为众生是无漏。因此，"希望"与悲愿的意义是相同的，发愿、盼望、祈祷，都是一种希望，希望令一切众生得利益，就是悲愿。

从希望家人得利益，再渐次扩及团体、地域、社会、国家，乃至我们生存的世界及所有的人类，最终为十方一切众生，都得利益。地藏菩萨所说"众生有尽，我愿无穷"，就是一个大希望，也是一种大悲愿。

凡不是自私自利地为个人，而是为一切众生去追求、去努力者，在《维摩经》中不名为"希望"，而名为"舍"，故无所希望而广作福德，才是最大的功德，也才是无漏的福报。

在经文中所记载的天女散花：

"华至诸菩萨，即皆堕落，至大弟子，便著不堕。……观诸菩萨，华不著者，已断一切分别想故。譬如人畏时，非人得其便。如是，弟子畏生死故，色声香味触，得其便也。已离畏者，一切五欲无能为也。结习未尽，华著身耳；结习尽者，华不著也。"〈观众生品〉第七

《维摩经》的这段经文，描述在维摩诘菩萨的方丈室里，有一位菩萨化现的天女，已在那里有十二年了，

此时无量菩萨及阿罗汉，听维摩诘菩萨说法，这位天
女，拿着天花由空中撒下，当撒在菩萨们的身上时，花
即掉落于地；但撒到释迦牟尼佛的阿罗汉诸大弟子们身
上时，即黏在身上不掉落了。这些大阿罗汉们见状，觉
得自己头上、身上都黏满了花，多难看啊！但是怎么抖
也抖不掉。

因为大菩萨们，都已断除我执法执，生死涅槃，了
无障碍；而罗汉怕生死，希望得涅槃，且不愿再到生死
烦恼中来度生死烦恼的众生，这可说是因怕生死而离开
生死的。罗汉虽已解脱生死，但对生死的畏惧心仍在，
就好像人虽打了霍乱的预防针，而对霍乱的余悸犹在，
避之唯恐不及。菩萨就不一样了，永远是不忧不惧，无
罣无碍。因菩萨们"已断一切分别想故"，所以花不
着身。

"分别想"即是执着想，断分别想，即是我法二执
皆断，不将生死涅槃执为二，不将烦恼菩提执为二。罗
汉未断法执，故仍畏惧生死，譬如有人，心中怕鬼，
"非人"就会趁虚而入。所谓"非人"是泛指人类以外
的八部鬼神、夜叉、恶鬼、幽灵等冥界众生。《药师
经》亦有"无有非人夺其精气"之说。《维摩经》此处

是用譬喻，有人怕鬼，鬼便上身；罗汉厌花着身，花便着身不堕。

我曾有个经验，年轻时学骑脚踏车，一边是田，一边是河，我害怕脚踏车掉到河里去，所以人骑在脚踏车上，心里想着千万不要掉进河中，结果害怕的事就偏偏发生，这是心里产生害怕的时候，失去了方向之故。

我小时候住在乡下，曾亲眼目睹青蛙自动爬进蛇的口中。蛇看到青蛙时并不捕捉，只把嘴张开，红信对着青蛙吐出，青蛙则一边发抖一边爬，最后却爬到蛇的口中去了。所以有人说蛇会念咒，青蛙才会自投蛇吻。其实不是，青蛙是因为怕蛇，怕得魂不守舍，不知所措，连逃都逃不了。

又如发生战争时，很多人不是因为打仗而死，而是在逃难途中死亡的。因此有此一说，在战火密集之处，反倒是最安全的地方，很多老兵都有此体验。所以在危险的时地，更要沉得住气，危机即转机。

此处《维摩经》中的"弟子畏生死"，是指那些阿罗汉大弟子们，他们害怕生死，厌离生死，所以要住于涅槃。殊不知因为对色、声、香、味、触等五欲的畏惧，反使得他们易被五欲所困；如果离开对五欲

的畏惧，五欲便奈何不了他们了，花既是"色"又是
"香"，因为阿罗汉畏色畏香，反被天花黏住不放。

经文"结习未尽，华著身耳；结习尽者，华不著
也"，其中的"结"是烦恼的异名，又称为"使"，为
烦恼因而结集生死，故名烦恼为结。例如将我见、戒禁
取见、疑，称为三结，又将贪、瞋、慢、嫉、悭，称为
五结集，皆为烦恼之名，集有缚之意。

我们今日、明日、今年、明年不断地造业，一念一
念地集聚起来，环环相扣，就变成了烦恼的丝，结成烦
恼的网，我们就为烦恼所笼罩，不得解脱了。"习"是
习气，诸阿罗汉，已断烦恼，唯尚未除烦恼的习气，例
如孙陀罗难陀的贪欲习气、毕陵伽婆蹉的骄慢习气，最
有名了。大乘佛法将妄惑烦恼分作三个层次：1.现行，
2.种子，3.习气。既伏烦恼之现行，又断烦恼之种子，
但尚有烦恼之余习者，称为"结习未尽"。

此"结习"阿罗汉全未断，缘觉部分略断，初地以
上菩萨分分断，唯佛全断。"结习"如酒鬼、赌徒、烟
枪，在戒除这些坏习惯的十年、二十年后，可能已看不
出来，如仅戒除年余，一看就看得出来，因其酗酒、赌
博、抽烟的习气犹在。

　　本讲稿的重点是"慈悲喜舍"，有真慈悲，必能喜舍，始会以大菩提心，广度众生。若无"舍"心，慈悲便难着力，阿罗汉厌生死故，未舍习气，故执涅槃而不住生死，也不能以大慈悲心，永住世间度脱众生了。

　　我们从《维摩经》看到菩萨心行，应当"不离大慈，不舍大悲，深发一切智心而不忽忘，教化众生，终不厌倦。"（〈菩萨行品〉第十一）

　　（一九九四年二月十五日讲于台北市国父纪念馆，由苏丽美居士整理录音带，圣严法师亲自修订补充，成稿于一九九四年六月二十八日美国纽约东初禅寺）

第六讲 《维摩经》与人间净土

一、人间净土为心所造

第六讲的讲题是"《维摩经》与人间净土",是从《维摩经》的内容,来谈人间净土。

佛告舍利弗,维摩诘从无动如来的妙喜国来生此土。

　　"是人乃能舍清净土,而来乐此多怒害处。"

　　"虽生不净佛土,为化众生故,不与愚闇而共合也,但灭众生烦恼闇耳。"〈见阿閦佛

品〉第十二

　　此段经文是在介绍《维摩经》的主角，维摩诘菩萨是从哪里来？来做什么？他是从一个叫无动如来的妙喜国来的，那是一个清净的佛土，他为了度化我们这个世界的众生，离开了无动如来妙喜国的净土，而到我们这个充满怨怒、彼此伤害，以及许多不善众生聚居的世界来，这是他的慈悲；他的目的，是要把我们这个不清净的世界，转变为清净的世界。

　　一般凡夫，由于自信不足，较易逃避多苦多恼的娑婆世界，不是希望依佛力接引到安乐清净的佛国中去，便是希望即身成就了解脱法门而进入涅槃。只有像维摩诘大菩萨那样，才愿意放弃原有的清净佛土，倒驾慈航，而生到我们这个五浊恶世中来度众生，这是多么地慈悲、多么地伟大。这是非常积极的入世精神，正是值得我们效法学习的。这个世界虽然非常地不好，却又是能让我们修功积德、广结善缘的好地方。

　　经文"虽生不净佛土，为化众生故，不与愚闇而共合也，但灭众生烦恼闇耳"，是说我们这个世界的不清净，不是世界本身不清净，而是因为众生有烦恼，方使得世界纷乱；如果众生心中均无烦恼，那么这个世界将是个净土。

所以在众生立场的体验，这是释迦世尊所教化的不净佛土，为了度化此土的众生，维摩诘菩萨还是生来此土，但他教化众生，协助众生，灭除烦恼，而他本身依旧明智不昧，不跟愚痴合流。其内心不受影响，仍是非常地清净。"愚闇"是烦恼、愚痴、无明。

菩萨虽在愚痴的世界，他自己则是并不愚痴，因为他是为了帮助愚痴的众生解除烦恼而来的。此在《维摩经》的〈菩萨品〉里，有一个"无尽灯"的比喻说："譬如一灯，燃百千灯，冥者皆明，明终不尽。"无尽灯就是辗转点亮许多众生智慧的心灯，用智慧的心灯来照亮愚暗、除灭烦恼、开启智慧、长养慈悲。

尔时螺髻梵王语舍利弗："……我见释迦牟尼佛土清净，譬如自在天宫。"舍利弗言："我见此土，丘陵、坑坎、荆蕀、沙砾、土石、诸山、秽恶充满。"螺髻梵王言："仁者心有高下，不依佛慧故，见此土为不净耳。舍利弗！菩萨于一切众生，悉皆平等，深心清

净；依佛智慧，则能见此佛土清净。"〈佛国品〉第一

前段经文说此释迦世尊教化的娑婆世界是"不净佛土"，那是对此土的凡夫众生以及小乘的圣者而说，若就菩萨圣者的角度来看，此土亦是清净佛土。故藉菩萨示现的螺髻梵王之言，此土清净如色界最上层的大自在天宫。大自在天是三界之主，亦名有顶天，梵语摩醯首罗天，有二类：1.是外道的主神所居，2.是佛教小乘三果圣人所生的净居摩醯首罗天。

"螺髻梵王"的名字仅在《维摩经》中出现，梵王本是大梵天王的身分，是初禅天之王，住于色界初禅之顶，亦名娑婆世界之主，其名可译为离欲、清净、高净等，略称大梵王。此处的螺髻梵王，亦是维摩诘丈室中的听法会众之一，以示现清净的梵王身，来证明娑婆世界，即是清净佛土。在这个集会中有许多的大菩萨和天人，不论显的什么身，他们的内心，都已是清净的菩萨，而且是大菩萨，是断了烦恼的法身大士。

初地以前的菩萨次第调伏烦恼，称为贤位菩萨，初地以上的菩萨分分断除烦恼，称为法身大士。贤位菩萨

以前的人，若不是外道，即是一般的凡夫。当我们开始对佛法产生坚定的信心之后，就成为贤位菩萨；如果信心时而坚定，时而退失大菩提心，即位同外道，仍优于外道，称为初发心的菩萨。很多人信佛一段时间之后，改信其他宗教，或是信仰并努力修行佛法一段期间后，由于生活或环境的关系而疏离了佛教，他们如果尚愿回归佛法，亦属于初发心菩萨。多半的人，都是停留在初发心菩萨的阶段，进进退退，非常苦恼，也很可惜。

螺髻梵王是位法身大士，他对释迦世尊十大弟子中智慧第一的舍利弗说："我见到释迦世尊的佛土，是清净的，就像自在天宫一样。"自在天宫的庄严、清净，非我们的世界所能比拟。《法华经》的〈如来寿量品〉中也说到释迦牟尼佛的灵山净土，永远是安稳清净而不会毁灭的。只因我们是凡夫，所以看到的是脏乱不净的。

因为舍利弗未断法执，有欣有厌，欣涅槃而厌生死，欣清净而厌不净，所以舍利弗看到的这个娑婆世界，有丘陵、坑坎、荆棘、沙砾、土石、诸山等，以及无以计数的脏乱和罪恶，充满这世界。

阿罗汉不喜欢我们这个娑婆世界，故有螺髻梵王代表大菩萨的立场和境界，以平等心，以佛的智慧，来看这个世界，因此说这是一个净土。释迦牟尼佛成佛时，也悟到这个世界的每一位众生都具备着与如来完全相同的智慧、福德和庄严相，只是众生自己不知道。

好比说，一个眼睛有毛病的人，不论是近视、远视、散光、老花，只要配上适当的眼镜，就可以让视力恢复正常，看得真切。当然我们凡夫是无法藉佛眼来看这个世界的，但是我们可以体会佛及菩萨所告诉我们的，不妨试着去揣摩、体会它，把这个世界看成是净土，自然就不会那么讨厌它了。因此螺髻梵王要劝告舍利弗，我们当依佛的智慧来看这个世界，若能平等对待一切众生，其心即能深得净清，也可见到此释迦佛土，本来清净。

佛语舍利弗："我佛国土常净若此，……若人心净，便见此土功德庄严。"〈佛国品〉第一

这是《维摩经》里一贯的说法，是说如果自心能够清净，国土自然清净，也即是心若清净，国土亦得清净。

我们的世界，是随着我们的心而变化的，在佛经里有两句相反相成的话：1."心随境转"，这是凡夫；2."境随心转"，这是圣贤。如果自己的心，时时刻刻被环境所左右，被环境所困扰，那就是凡夫；反之，心能转境，则是圣贤。以菩萨之心看众生，众生都是菩萨，以清净心体验世界，世界便成佛国净土。由此可知，释迦牟尼佛说此"国土常清净"，乃是极正确的事。

此经说："若人心净，便见此土功德庄严。""心净"是不起瞋爱、取舍、善恶、好坏等的分别心；不受境界影响，便见净土的"功德庄严"。福利为"功"，有所得成为"德"，功能有所得为功德。经中有五分法身功德、八功德水，以庄严净土的依正二报，主要是用智慧和慈悲来庄严。以智慧庄严自己的心，即心灵环保；以慈悲庄严我们的世界、环境，即关怀我们的社会，是礼仪环保、生活环保、自然环保。换言之，对我们生活环境中的人、事、物，都用智慧和慈悲来关怀、来对待，就是功德庄严。

许多人认为的庄严，是用豪景排场、金银珠宝、华饰宫殿等的物质，那仅是外表；若用智慧和慈悲，来庄严身心和环境，才是表里一致，最高的功德庄严。身心世界的庄严，才是全面彻底的庄严。如仅是虚有其表，脸上、身上妆扮得很漂亮，居住处所环境设计得很优美，而内心却非常丑恶，充满贪、瞋、痴、慢、疑、嫉妒、悭吝等烦恼，这种人因为缺少悲智的功德，缺少戒、定、慧、解脱、解脱知见的五分法身功德，仅用物质是如何也庄严不起来的。若用悲智的功德，庄严自己，也庄严他人，这个世界自然就庄严了，自己也就有了功德。

二、以菩萨行建设人间净土

"虽随诸法究竟净相，而随所应为现其身，是菩萨行。虽观诸佛国土永寂如空，而现种种清净佛土，是菩萨行。"〈文殊师利问疾品〉第五

"菩萨行"，是指菩萨的行为，包括心理、语言、身体的三类行为。心理行为，包括智慧心、慈悲心、感恩心、清净心等，是属于观念的、思想的；语言行为，

是指隐恶扬善、赞美道德、弘扬佛法；身体行为，是指放生、救生、护生等关怀工作。也可以说六度四摄等，都是菩萨行。菩萨重视心行，尤过于身、语二行，例如持菩萨戒者，不仅慎防身、口二业，尤其防止起心动念处的不伤菩提心。

"菩萨行"在《维摩经》中专设一品，目的是在"教化众生"，修诸功德，饶益众生，举足下足，都在道场，乐修无量道品之法，而又心无罣碍。至于我们凡夫众生，初发心的菩萨，虽不能全部清净，也当随时检点。说话的时候不要不经思考脱口而出伤了人，"三思而后说"，考虑妥当了再说；当说慈爱语、慰勉语，乐说佛法，而不说世间烦恼语。

从身体表现出来的行为，也是一样的，有人无法控制自己身体的行为，做出奇怪的举止，就不是菩萨的行为。发生这种情况的话，则要提醒自己，谨慎小心，不要轻举妄动。现代人常有的街头运动，就是一例。

曾有人对我说："现在的社会不行了，如果不走上街头，我们就没有救了，圣严法师你也赶快来呀！"在这种情况下，我只能说："请让我想通了，再跟你去。"因我不能说他们是对或是错，我不想随便跟着群众上街头，除非已经清楚，是为弘扬建设人间净土的佛法。

参与街头运动的人多半是盲从的。比如有个人，站在路旁的树下看一群蚂蚁上树，马上会引来一大群人围在他后面争着看，并且竞相询问："大家究竟在看什么？"一旦发现只是在看蚂蚁爬树干，马上又会一哄而散。这就是群众的好奇心理，使人身不由己。

一位菩萨行者，是要凡事三思而行的，心里了了分明，知道自己要做什么、在做什么。对自己有益，对他人无益者是坏事；对自己有益，对他人也有益的是好事；对自己无益也无害，但对他人有益的是大好事；而对大家有益但对自己有损的，则是最大的好事。

菩萨一向所行，均为舍己利人之事。为成就他人，奉献自己之时间、体能、知能、智慧而不求回馈，无怨无悔，方为真正的菩萨行者。

经文"随所应为现其身"的"应"字，是有求必应，众生有求，菩萨必应。既是做为一个菩萨行者，对于不同的众生，在不同的环境、时间，冀求不同之帮助时，便以恰到好处的方式来帮助他们。各位在《法华经》的〈普门品〉中，看到观世音菩萨有三十三应化身，在《楞严经》里则有三十二种应化身，这仅是举观世音菩萨为例。事实上，一切的大菩萨均有如此的悲心悲愿及其应现身。

请问，我们凡夫，能否依不同的身分来帮助人呢？可以的！我们每一个人，在同一个时间，都具备很多的身分，一生之中也经历各种不同的身分，无论在家庭、在社会，都扮演着很多不同的角色。一个人的身分，是可随着自己所处的时间、环境及地位之改变而改变，因此我们可以种种身分去尽心力尽职责，帮助他人。

如果人人均能恰如其分地扮演好每一个角色，做好应做的事，尽到应负的责任及义务，这个身分便完成，这就是菩萨行者，故凡夫也是能够"随所应为现其身"的。此乃我要在此为诸位讲《维摩经》的意义所在，否则，只有成了大菩萨的人，才能随应现身，诸位听讲《维摩经》就变得没什么用处了。

一个对自己没有信心或是比较自私的人，老是希望菩萨随时随地帮助他，却不曾想过自己也当随时随地帮助人，此种人，大概就不会想到，他自己亦能有"应现身"出现的功能了。

像今晚因为你们希望听《维摩经》，所以我应现为说《维摩经》的法师，来讲给你们听；而你们诸位也因我在讲经，而应现成听众的身分来听我讲《维摩经》，因此诸位和我，亦都是"应现身"，能够恰到好处地扮演好应现听众的角色。如此说来，我们都可把彼此看作是应现的菩萨。

在一个家庭里面，做母亲的以菩萨行来对待儿女，便是一位妈妈菩萨；做儿女的也以菩萨行来对待父母，便是儿女菩萨；家庭中的成员都能以菩萨行相互对待，都将对方看成是菩萨来成就帮助自己的。那么每一位便都成为菩萨的应现身了。如此推而广之，去看待周遭的人们，我们这个世界，不就是佛国净土和人间净土了吗？听完《维摩经》，净土不但是在我们心中，也在我们生活的环境中。一定要如此去练习、去体会，否则，不但我是白讲了，你们也是白听了。

"虽观诸佛国土永寂如空，而现种种清净佛土，是菩萨行。"〈文殊师利问疾品〉第五

这段经文是说，大解脱人，所见一切法，无一不清净，因为《金刚经》说"信心清净，则生实相"、"实

相者则是非相"，又说"一切诸相，即是非相"。清净相即无染无为无作相。菩萨虽已得大解脱，但为应化众生，而现种种身。菩萨游历供养诸佛国土，所见国土皆是永远不动，无碍如空，为了化度接引众生，乃现种种清净佛土。

不论净或不净，所有的世界，唯心所现，如果我们不保护环境，制造垃圾、废气、罪恶的污染，我们的世界就会成为秽土。如能用心意、语言、身体的行为，去保护它，表示在我们心中，希望环境是清净的，则环境虽尚在混乱的情况，内心已有清净的种子。

当心中有清净的愿心出现时，若见有烦恼的踪迹，我们亟需去改善，保护我们的环境，那么天堂净土已在心中，心中已有净土，净土也将会真的出现在人间。这不是幻想，而是心中有愿，便剑及履及，能做一分努力便得一分清净。

凡夫均希望有一个具体的净土出现，但以维摩诘菩萨及文殊师利菩萨等的大菩萨们来看，佛国是不存在的，他们心中并没有执着有佛国净土，而是处处佛国，处处非佛国，一如虚空，永无生灭现象。虽是如此，为了众生得到救济，大菩萨们还是要为众生现种种的净土。

此处经中的"现种种清净佛土"有两种意思：

一是为许多具有共同福德智慧和愿力的众生显现，令他们生到此一有方向、有位置的定点佛国净土中去。就像西方极乐世界，是阿弥陀佛愿力完成的净土，乃令发愿往生西方净土之众生，得以如愿。

二是为每个不同的众生，在他们面前显现不同的佛土，对于不同的众生，分类给予佛法的熏陶，告诉他们如何便能见到佛土，并帮助他们如何便能生到净土。

像今晚我在此讲人间净土，并说如何体验人间净土，就等于是我圣严法师在帮助你们每一位建立一个个不同的净土。你们听了《维摩经》，便因各人程度、福德智慧以及兴趣的不同，所体会到的净土，亦将各不相同，因而在各位心中所显现的净土，自然也不一样，这就是"现种种清净佛土"的另一重意思了。

尔时维摩诘语大迦叶："仁者！十方无量阿僧祇世界中作魔王者，多是住不可思议解脱菩萨，以方便力，教化众生，现作魔王。又，迦叶！十方无量菩萨，或有人从乞手、足、耳、

鼻、头、目、髓、脑、血、肉、皮、骨；聚
落、城邑；妻子、奴婢；象、马、车乘、金
银，……如此乞者，多是住不可思议解脱菩
萨，以方便力而往试之，令其坚固。……凡夫
下劣，无有力势，不能如是逼迫菩萨。譬如龙
象蹴踏，非驴所堪。"〈不思议品〉第六

此段经文，亦有二层意思：

第一层是说，有许多大菩萨，为帮助众生发菩提
心、行菩萨道，而显现魔王身；他们也可能变成乞丐、
土匪、强盗、恶鬼来要你的手、脚、耳朵、鼻子，把你
身体上的每一部分，一样一样地要过去，乃至于身体以
外的所有物，家宅、土地、城堡、妻子、丈夫、佣人，
以及你所拥有的一切财物，都要了去。也就是说，不但
要你的性命，还要你的财产。当你自己遇到这种情况
时，自是认为遇到了魔了，真是大灾大难。

此时的一般凡夫，如果已信佛教，一定会念"南无
大慈大悲救苦救难广大灵感观世音菩萨，赶快救我"。
但在做为一个发心的菩萨，却要将之当作以"住不可思
议解脱菩萨"来感恩感激，因为他们是来助你坚固信心

和道心的；不过对于一般凡夫，不得用此苦逼的方法。

诸如此类的魔王，是魔子、魔孙、魔将、魔兵之中最厉害的大魔头，可能在人间做魔王，也可能在天上做魔王，亦可能在地狱做阎王。

此处经文的"试"字是试炼、考验，若无道心信心，便称为"魔考"，若是道心坚固者，称为"佛试"。就像每经一次考试便得一次成长，为了考试，得事先努力，妥为准备，而考试官便是帮助我们成长的老师。因此对于用种种责难、折磨来帮助我们修行的人，都应把他们当成佛菩萨示现。若能如此存心，则虽受地狱的折磨，心中犹有如处佛国净土的快慰了。

不过，下面这一段经文是第二层，要特别注意："凡夫下劣，无有力势，不能如是逼迫菩萨。"这是说，前面所提的试炼是对较高层次的菩萨，不是对一般普通的凡夫。如果以高考的试题，来考只有国中小学程度的人，那会适得其反，会令他们信心尽失。所以一般普通根器下劣的凡夫，没有能力接受这种考验，就不能用魔王的这种方式去磨难他，我们千万不要扮演魔王，去折磨别人。对于初发心菩萨，要以鼓励代替试炼。

经文"譬如龙象蹴踏，非驴所堪"，是说考试的标准过高，会把程度太低的考生吓跑考垮，故举一个比喻：如用龙象的脚去踩驴子，是无法承受的。龙是天上最大的动物，象是地上最大的动物，此处的龙象并非指的天上的龙和地上的象，而是象之中有一种最大、最好的象，叫作龙象，就像最好的马叫龙驹一样。龙象乃隐喻大菩萨，驴子则代表普通的凡夫。驴子的体型比马还小，经不起龙象去踩踏，说明不可用那么强烈的方式去试炼凡夫。

> 维摩诘问文殊师利："何等为如来种？"文殊师利言："……以要言之，六十二见及一切烦恼，皆是佛种……。譬如高原陆地，不生莲华，卑湿淤泥，乃生此华。……烦恼泥中，乃有众生起佛法耳。又如殖种于空，终不得生，粪壤之地，乃能滋茂。……是故当知，一切烦恼，为如来种，譬如不下巨海，不能得无价宝珠；如是不入烦恼大海，则不能得一切智宝。"尔时，大迦叶叹言："善哉善哉！……是故文殊师利，凡夫于佛法有返复，而声闻无也，所以者何？凡夫闻佛法，能起无上道心，

不断三宝。"〈佛道品〉第八

这一段经文，包含了好多种意思，主要是鼓励我们初发心的凡夫菩萨们，不要讨厌、害怕、畏惧、逃避这个名为五浊恶世的娑婆世界，而且还要珍惜这个五趣杂居的娑婆世界。

凡夫觉悟到这个世界充满种种的问题，所以想听闻佛法，修学佛法，来解决问题。也因为自己有问题和苦难，所以能体会别人的困境；因自己已从佛法的修学得到利益，减少苦难，解决问题，故而也会想到其他的众生，亦需要佛法的帮助，因而能够毫不吝惜地去弘扬佛法，来帮助众生。

若从这个角度看这个娑婆世界，虽是如此脏乱、污染、危脆，却也是一个真正能够让凡夫修行菩萨道的好地方。因此《维摩经》赞叹凡夫，胜于赞叹阿罗汉，凡夫是修菩萨道，除了自求佛道，尚要广度众生，其伟大犹胜于阿罗汉的自了。人间净土是由凡夫所建立的，而非小乘的声闻、缘觉所愿做的佛事。

维摩诘菩萨问文殊师利菩萨："什么是成佛的根本因素？"也就是说人要如何才能成佛？文殊师利答以：

"简单地说，六十二见及一切的烦恼，都是成佛的根本条件。""六十二见"是针对释迦牟尼佛当时的印度，所有的宗教、哲学、思想而说的，除了释迦牟尼佛的佛法之外，其他一切宗教或哲学思想，分类归纳统计为六十二种，称为六十二见。

如果拿中国来对照，先秦时代，有诸子百家，其实未必有百家，而是指有许许多多不同的学派及其思想，而各家所说的主张，均是为了救国救民救社会，称之为百家争鸣。

六十二见在《涅槃经》以及好几部大乘经典中均可看到，是一个专有名词，却没有详细解释其意义。只有在《长阿含经》卷十四中，有很详细的说明和分析，其中十八是属于"本劫本见"类，四十四见属于"末劫末见"类，讨论世间常、世间无常；世间有想、世间无想；世间有边、世间无边；众生断灭无余等见。简单地说，它分为两大类：第一类叫本劫本见，是常见论；第二类名为末劫末见，是断灭论。

常见的意思，是认为无尽的过去有个第一因，这第一因是自由的、永恒的、永远存在不变的，从它而产生一切。从哲学上讲称为"理"、"真理"；在某些宗教来讲则叫作"神"、"上帝"，是最高的原理或神。

断灭论亦即断见，其意是说众生的生命，到死亡为止，就再也没有了，与唯物论相似。从佛法来讲，不会有从此以后生命没有了的观念，也不相信生命是永恒不变地存在。佛教的成佛，不等于常见论；佛教的寂灭，也不等于断灭论。常见是有神论，断见是唯物论，佛教则是缘起论，因缘有而自性空，故视六十二见为外道邪见。

经文的"一切烦恼"，根据《注维摩诘经》卷二云："肇曰，七使九结，恼乱群生，故名为烦恼。""七使"是指欲爱、恚、有爱、慢、无明、见、疑。"九结"是指爱、恚、慢、无明、见、取、疑、嫉、悭。烦恼无数，有广有狭，有繁有简。

《大智度论》卷二十七曰："烦恼名略说则三毒，广说则三界九十八使。"总名"百八烦恼"，又名"百八结业"。《大智度论》卷七云："烦恼名一切结使，结有九结，使有七，合为九十八结，如迦旃延子〈阿毘昙义〉中说：'十缠九十八结为百八烦恼'。"九十八结，又名九十八随眠，即三界之见惑有八十八使，三界之修惑有十使，再加十缠为百八烦恼，十缠是无惭、无愧、昏沉、恶作、恼、嫉、掉举、睡眠、忿、覆。

若从唯识的观点看，有根本烦恼及随烦恼。

从天台宗看，有见思、尘沙、无明的三惑。

从一般而言，叫作十使，有十种使自己在生死之中无法脱离苦海的力量，称为五钝使及五利使。

五钝使：是指贪、瞋、痴、慢、疑，这五钝使要到三贤位才慢慢调伏，到初地以上的菩萨才能一地又一地分分断除。到十地满足，此五钝使烦恼方断尽。

五利使：是见解、看法和想法。那就是身、边、邪、见取、戒禁取的五见。"身"是对身体的执着。"边"是常见和断见。"邪"是邪见，不明因果，不信因缘。"见取"是执自己错误的想法为真理。"戒禁取"是设立种种禁忌和无理的苦行为戒。这五利使在三贤位中即可断除。

诸位发心建设人间净土的菩萨们，根据《维摩经》的劝告，一切烦恼以及六十二种邪见外道，都不应回避，菩萨看到持有外道见的人，应想这个人可能是菩萨的化身；菩萨看到有烦恼的人，则想他可能是来帮助我、成就我的大菩萨。

经文以"淤泥"比拟"烦恼"，众生因有烦恼的泥，所以才知道需要修学佛法。因有众生的烦恼，诸佛菩萨才有化世的工作可做。我们多修学佛法，并来帮助那些烦恼的众生，佛法的化世功能，才能发挥出来。

文殊菩萨又说，如把种子种在空中，是无法生长的，只有种在肥沃的土壤中，才可能有收获。"粪壤"才是肥沃的土壤，所以一切的烦恼乃是成佛的种子。接下来又是一个比喻：如果不到大海中去，就得不到无价宝珠，这宝珠是指摩尼宝珠，又称为如意珠、离垢珠。这种宝珠据说是龙珠，深海中才有龙，因此不到大海，深入龙宫，就无法得到龙珠。这是隐喻要进入烦恼大海的众生群中，才能把自己的福德智慧培养出来。如果没有众生的事让菩萨处理，也没有众生让菩萨关怀，菩萨便很难开发出大智慧来，也培育不出大慈悲来。

大迦叶对文殊师利菩萨以上所讲的这一段话，大为赞叹："太好了！太好了！"并说："凡夫于佛法有返复，而声闻无也。""返复"的意思是报恩，是回报。凡夫听到佛法，觉得对自己很有用，就会以弘扬佛法做为报佛恩的"返复"。因此凡夫听到佛法以后，就成为绍隆佛种的真佛子。

在座诸位有很多是三宝弟子，三宝弟子若未发菩提心，只能称为修学体验到一部分佛法的"法子"，尚不能称为继承佛法、绍隆佛种的"佛子"。

凡夫发菩提心，即可成为佛子。凡夫听到佛法，能发起无上菩提心，也就是发阿耨多罗三藐三菩提心、成佛之心。这是一个大乘的三宝弟子。

发了阿耨多罗三藐三菩提心，成了初发心菩萨。无论是度众生还是断烦恼，都是为了在现实的生活之中，能够得到智慧并产生慈悲。大部分的人，多停留在求佛菩萨给自己开智慧，求佛菩萨慈悲加被自己及家人亲友，这当然没什么不好，但是如果能进而用智慧来处理事，用慈悲来关怀人，个人的品质必然会提升，人间净土的出现，也将指日可待。

今晚因时间关系，《维摩经》暂时讲到这里，时间已用完，而佛法是永远讲不完的，众生也是永远度不尽的，但是我们应该发愿，永远广度众生，永远弘扬佛法，永远为成就我们这个娑婆世界，成就人间净土而努力。

人间净土的建设，是要靠大菩提心的菩萨们来努力、奉献的，既然是为建设净土，就应避免落于迎合时俗、迁从流俗，而变成俗化的宗教；既然是将净土建设在人间，就要避免落于神异、神秘、神权、神威，而变成神化的宗教。人间净土，必须是清净、积极、悲智双运的佛教建设。必须是以人为中心，以人品的提升为宗旨，以环境的净化为目标。

否则，不论是俗化及神化，都不能在人间建设真正的净土。维摩诘菩萨虽现在家身相，却净修梵行，所以不是世俗化的俗人，没有世俗人的俗事俗习，所以是一位清净智慧慈悲的大菩萨典型。维摩诘菩萨的大会中，虽有天女、梵王、护法神王，但都是菩萨的应现，没有故弄玄虚的神奇古怪，所以是宣导心灵环保，提倡人间净土的正信佛教。

（一九九四年二月十六日讲于台北市国父纪念馆，由苏丽美居士整理录音带，圣严法师亲自修订补充，完稿于一九九四年六月二十九日）

现代经典 4

修行在红尘——维摩经六讲

Buddist Practice in Secular World:
Six Commentaries on the Virmalakirti Sutra

著者	圣严法师
出版	法鼓文化
总审订	释果毅
总监	释果贤
总编辑	陈重光
责任编辑	张翠娟、杨仁惠、李书仪
封面设计	邱淑芳
内页美编	小工
地址	台北市北投区公馆路186号5楼
电话	(02)2893-4646
传真	(02)2896-0731
网址	http://www.ddc.com.tw
E-mail	market@ddc.com.tw
读者服务专线	(02)2896-1600
简体版初版一刷	2021年7月
建议售价	新台币220元
邮拨账号	50013371
户名	财团法人法鼓山文教基金会—法鼓文化
北美经销处	纽约东初禅寺 Chan Meditation Center (New York, USA) Tel: (718)592-6593 Fax: (718)592-0717

法鼓文化

国家图书馆出版品预行编目(CIP)资料

修行在红尘：维摩经六讲/ 圣严法师著. -- 初
　版. -- 台北 市：法鼓文化, 2021.07
　　　面；　公分
　　正体题名：修行在红塵：維摩經六講
　　ISBN 978-957-598-917-0 (平装)

1.经集部

221.72　　　　　　　　　　　　110006829